JÜTLAND
Apenrade
Sylt
(Nordschleswig)
Klanxbüll
FLENSBURG
Sörup
Angeln
Föhr
Nordfriesland
Oeversee
Amrum
Poppostein
Süderbrarup
Ostsee
Olderup
Schlei
Schwansen
SCHLESWIG
HUSUM
Haithabu
Eckernförde
Fehmarn
Treene
Dän. Wohld
Eiderstedt
RENDSBURG
Eider
KIEL
Oldenburg
Lütjenburg
Dithmarschen
Neukirchen
HEIDE
Albersdorf
Nord-Ostsee-Kanal
Plön
Eutin
Meldorf
NEUMÜNSTER
Bosau
Nordsee
Neustadt
Hohenwestedt
Burg
Ratekau
Segeberg
ITZEHOE
LÜBECK
Brunsbüttel
Oldesloe
Glückstadt
Ratzeburg
Elbe
HAMBURG
Mölln
Harburg
Geesthacht
SCHLESWIG
–HOLSTEIN
Lauenburg

Jutta May

Ein Hauch von früher

Aus Schleswig-Holsteins
Vor- und Frühgeschichte

Von Hünengräbern bis zu frühen Kirchen

Husum

Abbildungen auf dem Umschlag (v. li. n. re.): Baumgruppe um einen alten Grabhügel bei Grabau, Der Dom zu Lübeck heute, Großsteinkammer bei Lehmsiek, Vicelinkirche von Neukirchen, Skarthi-Stein bei Haithabu

CIP-Kurztitelaufnahme der Deutschen Bibliothek

May, Jutta:
Ein Hauch von früher : aus Schleswig-Holsteins Vor- und Frühgeschichte ; von Hünengräbern bis zu frühen Kirchen / Jutta May. – Husum : Husum Druck- und Verlagsges., 1995
ISBN 3-88042-604-X

Meinen im Süden
aufgewachsenen Neffen
Michel und Niklas May.

Satz: Fotosatz Husum GmbH
Druck und Verarbeitung: Husum Druck- und Verlagsgesellschaft
Postfach 1480, D-25804 Husum

ISBN 3-88042-604-X

Hünengrab vor der Feldsteinkirche in Ratekau/Ostholstein.

Hier sind sie vereint, Zeugen aus unserer Vor- und Frühgeschichte, von denen dieses Buch erzählt.

Ferien im Norden heißt Erholung – ob am Ostseestrand oder auf Entdeckerpfaden. Die germanische vierfache Bandschlinge führt zu Sehenswürdigkeiten.

Ein Hauch von früher – spürt man ihn im Wind von heute?

Ferien im Norden heißt: Sich am Strand aalen, Wassersport treiben, Waldspaziergänge machen oder Bauernhofleben genießen. Aber man kann nicht drei Wochen lang nur am Strand liegen, auf dem Wasser sein, durch Wälder streifen oder beim Kühemelken und Schweinefüttern zusehen. Meistens steht das Wetter dagegen – oder sollte man von Naturgewalten sprechen, die dem Feriengast auf ihrer Bühne, dem weiten Himmel, zumindest ihr Vermögen oder gar ihre Notwendigkeit zeigen wollen? Daß die Sonne die Hauptrolle spielt, lassen sie gelten; aber Wolken und Wind mögen nicht als stumme Statisten dastehen, im Gegenteil: ihre launischen Auftritte bringen Abwechslung, und die ist es wiederum, die sich auch das menschliche Gemüt in den Ferien wünscht. Im Streß des Berufslebens mag der Urlauber in spe nicht daran denken. Doch ist er erst unterwegs, dann merkt er es.
So treffe ich bei gelegentlichen Fahrten durch meine heimatlichen Gefilde immer wieder Fremde, die mal ‚Urlaub vom Urlaub' nehmen, d.h. in der Umgebung ihres Ferienortes umherfahren und nach Sehenswürdigkeiten ausschauen oder am Fernstraßen-Rastplatz dem Hinweisschild ‚Kulturdenkmal' folgen ... Zufällig, nicht geplant, also nicht durch vorherige Lektüre darauf vorbereitet. Und doch nicht zufällig, weil sich das gestreßte Gemüt nicht nur durch Nichtstun erholen kann. Es braucht geistige Nahrung, die allerdings aus einem anderen Topf als sein Täglichbrot kommen muß. So macht es sich über die allgemeine Neugier im Menschen bemerkbar.

Ein Hinweisschild: → Poppostein
. . . Ein Trampelpfad zwischen Bach und Maisfeld – um die Ecke gebogen – eine Lichtung mit einer Großsteinanlage – – – – „Aha, ein Hünengrab! Ja, der dicke Deckstein sieht tatsächlich aus wie ein ‚Popo'!"

Wer weiß schon, daß hier der Bischof Poppo gemeint ist, der seinerzeit den Dänenkönig Harald Blauzahn an dieser Stelle taufte! Wußten Sie, daß am ‚Brutkamp' nicht gebrütet, sondern um eine Braut geworben wurde, daß die ‚Räuberhöhle' bei Idstedt nichts mit der dortigen Schlacht zu tun hatte und wieso man von ‚Vicelin-Kirchen' spricht?
Von alledem und noch einigem mehr will Ihnen dieses Buch erzählen, möchte Ihnen die frühe Vergangenheit dieser Landbrücke zwischen Nord- und Ostsee – wo Germanen und Wikinger zuhause waren – etwas näherbringen und Ihnen die Hintergründe zu all den vielen Kleinfunden in unseren Museen erklären. Ihre Gedanken sollten sich dann nicht mehr auf holprigen Holzwegen verlieren, sondern mit Ihnen auf glatten Straßen fahren.

Es sind die als Europastraßen geltenden Autobahnen 1 und 7, die unseren Norden – Schleswig-Holstein und das angrenzende Niedersachsen sowie Dänemark – durchqueren; ferner die sogenannte Grüne Küstenstraße im Westen und die Alpen-Ostsee-Ferienstraße im Osten und dazwischen zahllose sonstige Landstraßen. Die beiden Autobahnen treffen sich in Hamburg – Deutschlands geschäftigem Welthafen im Trichter der Elbmündung – und streben dann wieder auseinander: die eine verläuft letztlich über die gesamte Kimbrische Halbinsel (Schleswig-Holstein und Jütland), die andere folgt dem Flug der Vögel auf der ‚Vogelfluglinie' durch Ostholstein und Seeland nach Kopenhagen.
Schon südlich von Hamburg können Sie sich etwas von dem gewissen ‚Hauch von früher' erhaschen: da ist die Lüneburger Heide rechts und links der A 7 sowie ausgedehntes Moorland zu Seiten der A 1 (zwischen Osnabrück und Bremen), Landstriche, die ihre Beschaffenheit – wie der ganze Norden – den Eiszeiten verdanken. Aus der folgenden Steinzeit gibt es sogenannte Hünengräber – an der A 1 bei Wildeshausen und nahe der A 7 bei Fallingbostel und Hittfeld: Begräbnisstätten der frühen Bauernbevölkerung, die dem kulturgeschichtlich genannten Raum ‚Westliche Ostsee' besondere Bedeutung einbrachten und dem Urlaubsreisenden Appetit auf die Zeugnisse der Vor- und Frühgeschichte nördlich von Hamburg machen können.
Das Stichwort ‚Geschichte' ist hierbei eng verknüpft mit der Archäologie. Diese versucht, für nicht vorhandene Geschichtszahlen vermutliche Daten zu finden, die aber wiederum durch neue Ausgrabungen oder neue Datierungsmöglichkeiten häufig modifiziert werden müssen. Das allerdings verleiht der Altertumskunde Aktualität und macht sie interessant. So brachte z. B. die neue Baumring-Eichmethode der Radio-Karbon-Zeitberechnung unseren Hünengräbern ein höheres Alter ein als bisher vermutet und damit die Möglichkeit, daß die ältesten unter ihnen älter als die berühmten Steinmale in der Bretagne sind –, und daß es vielleicht Ur-Wikinger gegeben hat, die frühes Gedankengut auf ihren Fahrten als Handelswaren bei Hin- und Rückwegen mit sich führten. Denn Gedanken haben zweifellos überall hinter den für uns übriggebliebenen Überresten vergangener Zeiten gestanden.
Um sie zu erraten, müssen wir uns in jene Zeit, in jene Welt versetzen und gedanklich mit diesen damaligen Menschen wandern. Also eine Wanderung durch Raum und Zeit unternehmen, auf den verwehten Spuren unserer Altvordern gehen, die dem zurückweichenden Eis folgten, den Stein als Symbol für Ewigkeit fanden, Metalle zu gewinnen und nutzen lernten, von fremden Gestaden angezogen wurden und schließlich ihre Götter gegen den einen Christengott austauschten. Das fiel mit der Staatenbildung in Skandinavien nach westeuropäischem Muster zusammen, und Schleswig-Holstein lag dazwischen. War seine von Fragezeichen begleitete Vergangenheit schon nicht farblos gewesen, seine Geschichte sollte mehr als bewegt werden. Grenzen

Durchblick auf Ratzeburg im Lauenburgischen Seengebiet.

schoben sich hin und her, Landleute wurden zu Städtern, Raubritter zu Landadeligen. Es wurde dauerhafter gebaut und daher der Nachwelt teilweise original überliefert (wie z. B. die Bauwerke unserer Backstein-Gotik) oder in Wort und Bild festgehalten. Insbesondere in diesem Jahrhundert – getragen von einer gewissen Nostalgie-Welle und der bangen Frage, wohin die Menschheit zielt – sind nicht nur alte Kirchen restauriert und historische Gebäude unter Denkmalschutz gestellt worden, auch entstanden zahlreiche Freilichtmuseen, die mit Bauernhäusern, Speichern, Hausrat und Gerätschaften ein direktes Bild vom Leben unserer unmittelbaren Vorfahren geben wollen. Einige davon liegen ebenfalls am Rande der Ferienstraßen durch den Norden, und man kann sich auch in dieser Beziehung bereits südlich von Hamburg einen Vorgeschmack holen: an der A 1 bei Cloppenburg und wo die A 1 und die A 7 zusammenkommen: am Kiekeberg ... Bei klarer Sicht können Sie übrigens von seiner Höhe (127 Meter !) ziemlich weit in die Ferne ‚kieken' (gucken, schauen). Ja, bi uns to huus dor snackt man Platt – aber Hochdeutsch können wir auch. Allerdings häufig vermischt mit plattdeutschen Wörtern und Ausdrücken aus der Seemannssprache, denn die Wasserkante ist bei uns nirgends fern.

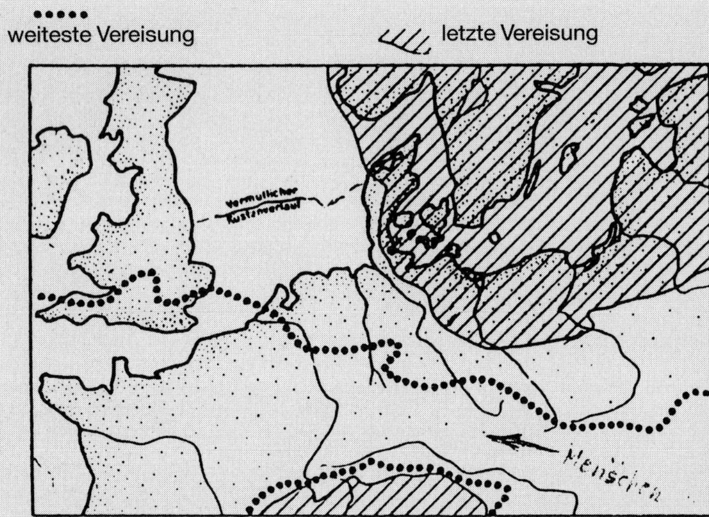

Das Vordringen und Zurückweichen der Vereisung

Skandinavien eine Insel, die Ostsee ein Meeresarm

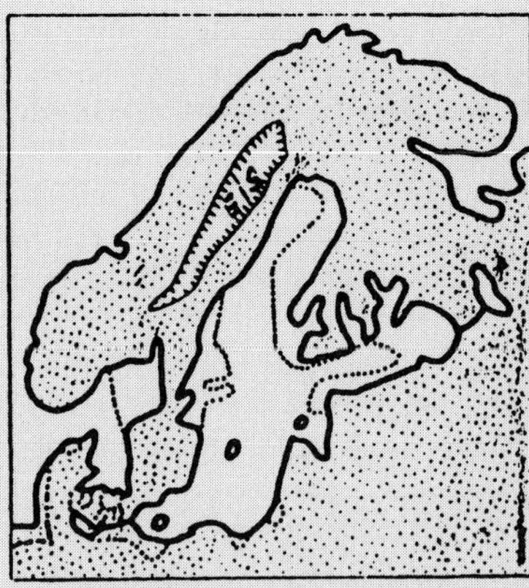

Die Ostsee als Binnenmeer

I. Vom Eis befreit

Erst durch das Zurückweichen des Eises erhielt Nordeuropa seine landschaftlichen Formen (zwischen 15 000 und 3000 v. Chr.), und erst durch die Vermischung mehrerer Einwandererwellen bildeten sich hier die Germanen heraus (zwischen 4000 und 1600 v. Chr.), die dann Europas Frühgeschichte bestimmen sollten.

Der Norden gewinnt seine Landschaftsform

Anfänglich hatten Land und Meer oftmals miteinander auf gleicher Fläche abgewechselt. Bald versanken Wälder unter Fluten, bald starben Meerestiere ohne ihr gewohntes Naß. Flüsse brachten Schutt und Schlamm, so daß beispielsweise Abertausende von abgestorbenen Pflanzen und Tieren auf dem Meeresboden luftdicht verschlossen verwesten und in Jahrmillionen zu **Erdöl** wurden. Es sind keine riesigen Mengen, die heute in Schleswig-Holstein und Niedersachsen gewonnen werden, aber doch so viel, daß die Ölpumpen hier und da auf den Feldern auffallen und eine große Raffinerie bei Heide in Dithmarschen an der Grünen Küstenstraße gebaut wurde. Sie ist durch eine 32 km lange Rohrleitung mit dem Elbmündungshafen Brunsbüttel verbunden. Fertige Schmier- und Heizöle fließen nach dort zur Verschiffung, wie auch weiteres Rohöl in umgekehrter Richtung vom Hafen zur Verarbeitung gelangt. – Auf der anderen Seite des Landes hat 1986 etwas nördlich der Kieler Förde Deutschlands erste ‚Offshore'-Erdölgewinnung begonnen! Es sollen dort unter der sogenannten Schwedenecksee 2,5 Millionen Tonnen an Ölreserven lagern. – Ein Erdölmuseum gibt es bei Wietze (Niedersachsen), zwischen der A 7 (Abfahrt Schwarmstedt) und Celle. Die Gewinnung hatte dort bereits 1858 eingesetzt.

Dann hat es vor rund 70 Millionen Jahren in einem Meer zwischen Schweden und dem Harz unzählige winzige Lebewesen mit einer Schale aus Kalk gegeben. Nach ihrem Absterben wurden diese Schalen auf dem feuchten Grund zunächst zu Kalkschlamm und schließlich im Laufe von Jahrtausenden zu **Kreide**. Bei Itzehoe in Holstein liegt diese Kreideschicht z. B. so nahe der Oberfläche, daß sie in Gruben abgebaut werden kann. Auf der dänischen Insel Møn tritt sie sogar als Steilküste hervor, die man während der Fährfahrt von Travemünde nach Trelleborg linkerhand aufragen sieht.

In dieser Kreideschicht befinden sich auch mancherorts äußerst harte Kieselknollen, eine Art amorphen Quarzes, die von kieselsäurespeichernden Meerestieren herrühren, aber erst während der Eiszeiten durch die Gletscher auf und in die Kreideschicht gelangten. Sie sind allgemein als **Feuerstein** oder Flint bekannt. Schon die Steinzeitmenschen hatten ihn entdeckt und seine hervorragende Eignung für Werkzeuge und Waffen festgestellt; da er leicht spaltbar ist, ließ er sich außerdem verhältnismäßig einfach verarbeiten. Feuersteinabbau und ‚fabrikmäßige' Herstellung von Tauschhandelswaren aus diesem Material gelten als die frühesten Industrien in unserem Norden. **Bernstein** entstand vor etwa 40–25 Millionen Jahren aus dem Harz versunkener Nadelbäume. Er lagert in einer Schicht ‚blauer Erde' und wird heute vor allem in Ostpreußen im Tagebau gewonnen. Früher, auch schon zur Steinzeit, wurde er an den Küsten gesammelt. Selbst heute noch kann man bei uns am Nord- und Ostseestrand fündig werden!

Vor etwa 1 Million Jahren war es schließlich auf unserer bis dahin recht warmen Erde so kalt geworden, daß sich an manchen Stellen, wie über Skandinavien und den Alpen, riesige Schneemassen türmten und auch im Sommer nicht mehr schmolzen. Die sich bildende **Eiskappe** muß mehrere Kilometer dick gewesen sein – und schwer: 1 Meterwürfel Eis wiegt 900 kg. An den Rändern quollen immer wieder Eismassen hervor und ‚flossen' als **Gletscher** in tiefere Regionen, wobei sie Geröll und Erdreich vor sich herschoben oder in ihrer elastischen Unterschicht eingebettet mitzogen. Denn Druck erzeugt Wärme, und so plätschert aus einem Gletscher auch immer Wasser hervor. Als es wieder wärmer wurde, schmolz zuerst das Eis vorne an den Gletscherzungen; sie wurden kürzer und kürzer. Das vom Eis befreite Land dürfte einem ‚Schlachtfeld' geglichen haben: Sand- und Kieswälle wölbten sich (Moränen), rund- und glattgeschliffene Steine und Felsbrocken lagen umher (Findlinge), festes Bodengestein war wie abgehobelt und zeigt noch heute mancherorts Gletscherschliff.

Kaum der Sonne ausgesetzt, begann es auf dem Boden zu sprießen – doch dann wurde es wieder kälter und die Gletscher kamen abermals. Von Skandinavien aus dreimal, von den Alpen sogar viermal. Die Mitte Deutschlands blieb jeweils eisfrei. Hier und da wurden Spuren einer vor- bzw. zwischeneiszeitlichen Bevölkerung gefunden, wahrscheinlich des Neandertalertyps, den es bis vor rund 80 000 Jahren gab. Danach wanderten geistig höherentwickelte Menschen von Südwestasien in die eisfreie Zone Mitteleuropas ein und wurden unsere Vorfahren, die **Ur-Europäer**. Es waren Großwild- und Rentierjäger, die ebenfalls Beeren sammelten und fischten. Nach ihrem ersten Fundort in Frankreich, dem ein Alter von etwa 35 000 Jahren gegeben wird, hat man sie *Cromagnon-Menschen* genannt; wissenschaftlich gesehen gehören sie zu den *Homo sapiens*, den Jetztmenschen.

Die allgemein anhaltende Erwärmung, die dann zum Ende des Eiszeitalters führte, brachte in Deutschland jene Veränderungen hervor, die unserem heutigen Bild zugrunde liegen. Die zunächst weitverbreitete Tundra mußte dem Wald weichen; das Mammut starb vor etwa 20 000 Jahren aus, das Bison vor ca. 10 000 Jahren. Die Elbe bildete eins der breiten flachen Urstromtäler, deren gletschergespeisten Schmelzwasser Sand mitführten und z.B. die Nordsee verlandeten bzw. das hier einmalige Wattenmeer schufen.

Die Ostsee zeigte sich zunächst als ein salziger Meeresarm; d.h. die nördlichen zwei Drittel Skandinaviens waren eine große Insel, der Südzipfel Schwedens eine kleinere Insel neben der breit aus dem nordwestdeutschen Raum vorspringenden Kimbrischen Halbinsel. Durch das Abschmelzen des Eises war ja einerseits viel Wasser frei geworden, so daß der allgemeine Meeresspiegel höher lag. Zum anderen aber hob sich dann das von seiner drückenden Eislast erlöste Land – ein Prozeß, der immer noch nicht abgeschlossen ist; sichtbar z.B. bei Luleå in Nordschweden: jährlich zwar nur 1 cm, was aber in 100 Jahren 1 Meter ausmacht. Der im 14. Jahrhundert an der Küste entstandene ursprüngliche Ort liegt heute 10 km landeinwärts.
Zwischenzeitlich war die Ostsee zu einem Süßwasser-Binnenmeer geworden. Mittelschweden hatte sich aus den Fluten gehoben sowie weiteres Land im Osten der Kimbrischen Halbinsel und im baltisch-finnischen Raum. – Dann jedoch brach die Landmasse der heutigen dänischen Inseln durch Aufwärtsbewegung auseinander und schuf der Ostsee wieder eine Verbindung mit der Nordsee (um ca. 5500 v. Chr.). Trotzdem gelangte ihr Salzgehalt nicht über acht Tausendstel hinaus, und Ebbe und Flut sind kaum bemerkbar. Auch die Landverbindung zwischen der restlichen Kimbrischen Halbinsel und England ging zu dieser Zeit verloren.
Das einst stark bewaldete **Östliche Hügelland** in Schleswig-Holstein und dem sich nach Norden anschließenden Jütland ist ohne Frage Endmoräne der letzten Vereisung. Die nach Westen und Süden vorgelagerten Geestrücken sind Ablagerungen älterer Vereisung, während die dazwischenliegenden Geest-Sandflächen sowie die ostholsteinischen Seen wiederum von den Schmelzwassern der jüngsten Vereisung gebildet wurden. Das Wort ‚Geest' kommt von ‚güst' = öde, unfruchtbar. Dänemarks guter Ackerboden dürfte dagegen ein löbliches Geschenk der Eiszeiten sein: er war von den Gletschern aus Norwegen mitgebracht worden, wie auch die großen Findlinge, ohne die das Land wohl kaum zur ‚Wiege der Nordischen Megalithkultur' hätte werden können. Die Hecken allerdings, die vor allem im Osten Schleswig-Holsteins auffallen, wo sie Felder und Wiesen trennen, wurden erst vor etwa 200 Jahren angepflanzt – als Windschutz und Nistplatz für Vögel. Sie werden ‚Knicks' genannt, weil man sie hin und wieder *knickt*, d.h. beschneidet.
Auch fallen kleine Baumgruppen in freier Landschaft auf: entweder um oder auf einer vorgeschichtlichen Begräbnisstätte oder um ein großes Wasserloch, wobei es sich um alte Mergelgruben handelt. Mergel ist ein natürliches Gemenge aus Kalk und Ton, das sich hervorragend zur Düngung des Ackerbodens eignet. Da es sich teilweise nahe der Oberfläche befindet, konnte es einfach und meist zur Selbstversorgung abgebaut werden. Dann aber gewann der Kunstdünger das Feld, und die Mergelgruben füllten sich mit Wasser. Neuerdings besteht aber wieder der Trend zu natürlicher Düngung, und Schweden begann bereits mit dem Export von Mergel.

Auf Erkundung im Watt.

Die **Nordseeküste** Schleswig-Holsteins erhielt ihre heutige Form mit den vorgelagerten Nordfriesischen Inseln erst durch die großen Sturmfluten im 14. und 17. Jahrhundert. Um die Zeitenwende hatte das Wattenmeer noch bis zur Doggerbank gereicht, und alle heutigen Inseln waren mit weiterem vorgelagerten satten Schwemmlandboden, den Marschen, Teil des Festlandes. **Sylt** dehnte sich z.B. noch etwa 6 km weiter nach Westen aus. Sein Geestrücken war durch die zweite Eiszeit entstanden und scheint den Flachlandbauern der Jungsteinzeit als Begräbnishain gedient zu haben. – Unter der großen Düne auf **Amrum**, die sich erst nach 1200 gebildet hatte und bei einer der Sturmfluten eine tiefe Bresche erhielt, konnten noch Fundamente von Bauernhäusern aus dem 1./2. Jahrhundert n. Chr. festgestellt werden. Ferner kamen hier auch Überreste von Hünengräbern zutage sowie Spuren von Ackerfurchen aus der Bronzezeit.
Die in Geschichte und Literatur eingegangene ‚Marcellusflut' wütete im Januar 1362 vor allem nördlich der Eider. 7000 Menschen sollen dabei umgekommen sein, und auch der sagenhaft reiche Ort Rungholt befand sich unter den Landverlusten. In den Legenden erscheint häufig die große ‚Mandrenke',

eine Sturmflut im Oktober 1634, bei der 9000 Menschen ertranken; kaum ein Deich zwischen der Elbe und Tondern hatte gehalten.
Im Nissenhaus, dem Nordfriesischen Museum in Husum, befinden sich u.a. Modelle und Schaubilder über die Entstehung der Nordseeküste und die Gewinnung von Neuland.
Der **Geestrücken** in der Mitte unseres Landes fällt teilweise steil zur Marsch ab. Dort war früher einmal die Küste; es zeigt sich noch in der Bezeichnung ‚Donn', was ‚altes Steilufer' heißt, sowie in der Landschaft z.B. bei Michaelisdonn/Dithmarschen und auf dem Twieberg bei Norderstapel im Schleswigschen, den weißer Dünensand krönt. Hier und da ist die Geest immer noch recht bewaldet und trug schon früher – wie jetzt die A 7 – den Haupthandelsweg in nordsüdlicher Richtung, Heer- oder Ochsenweg genannt und an manchen Stellen noch heute erhalten – z.B. bei der Stadt Schleswig.
Für den in ost-westlicher Richtung betriebenen internationalen Seehandel bildet die Kimbrische Halbinsel jedoch eine Barriere. Frühe Kaufleute fuhren von der Ostsee in die Schlei bis Schleswig bzw. Haithabu oder von der Nordsee die Eider und Treene hinauf bis Hollingstedt und hatten dazwischen nur etwa 14 km über Land zurückzulegen. Die Waren wurden auf Karren verladen und die Schiffe – solange sie flachbodig waren – wahrscheinlich auf Rundhölzern gezogen. Erst im 16. Jahrhundert wurde der Bau eines Kanals erwogen; bis zu seiner Verwirklichung vergingen 200 Jahre (Eider-Kanal nach Kiel) und weitere 100 Jahre später war er bereits für die damalige moderne Seeschiffahrt viel zu klein.
Trotz mancher Einwände wurde dennoch ein neuer Kanal gebaut, nunmehr von Kiel zur Elbmündung, und 1895 in einer großen Feier mit Schiffen aus 42 Ländern als ‚Kaiser-Wilhelm-Kanal' eingeweiht. An seinen Toren bei Holtenau und Brunsbüttel regeln Schleusen den Wasserstand. Heute zählt er zu den am meisten befahrenen Schiffahrtswegen der Welt. International wird er ‚Kiel Canal' genannt. Für uns ist er der **Nord-Ostsee-Kanal** und die Lebensader unseres nördlichsten Bundeslandes. Sein inzwischen vertieftes und verbreitertes Bett stellt im gewissen Sinne einen einzigen großen Seehandelshafen dar. Ein Fünftel aller Industriebetriebe des Landes benutzen ihn zum An- und Abtransport von Material und Waren. Der Haupthafen im Binnenland ist Rendsburg, in dessen Nähe sich die größte Eisengießerei Norddeutschlands befindet und beispielsweise ihre Erzeugnisse über den Kanal in 70 Länder verkauft.
Während die Bundesstraße 77 hier in einem Tunnel unter dem Kanal verläuft, führt die Autobahn (A 7) über eine Brücke wie auch die Eisenbahn, deren Gleiskörper eine imposante 4,5 km lange und teils aufgeständerte Schleife zieht. Das liegt am Bahnhof, der sich sehr nah am Kanal befindet, und an der notwendigen Höhe der Brücke über dem Wasserspiegel (42 m).

Am Nord-Ostsee-Kanal bei Sehestedt.

Eine andere große Wasserstraße, die ein Urlauber hier im Norden vielleicht überquert, ist der **Fehmarnsund** auf der Vogelfluglinie, am Ende der A 1. Die geradezu elegante Brücke, die hier Straße und Eisenbahn vom Festland zur Insel Fehmarn trägt, ist etwa 1 km lang. Auf der 19 km breiten Seestrecke von Fehmarn nach Dänemark verkehren Fährschiffe (der Bau eines Röhrentunnels ist neuerdings im Gespräch). – Eine Eigenheit der zum Wasserferienland gewordenen Bauerninsel Fehmarn sollte nicht unerwähnt bleiben: hier gibt es den meisten Sonnenschein und den wenigsten Regen von ganz Schleswig-Holstein.
Die sogenannten Inland-Ferienorte unseres Nordens, wie z.B. Mölln/Lauenburg, Malente/Ostholstein und Albersdorf/Dithmarschen, gelten sogar als Luftkurorte und lassen die ausgedehnten Wälder ihrer Umgebung nötigenfalls natürlichen Regen- oder Sonnenschutz bieten.

Zurück zu den Anfängen unseres Landes, als die ersten Menschen hierherkamen und eine kulturelle Entwicklung begann.

II. Neuland lockt

Vor etwa 18 000 Jahren hatte die letzte Vereisung von Skandinavien herunter noch den gesamten Osten und die Mitte der Kimbrischen Halbinsel bedeckt. Dann wurde es wieder wärmer, und das Eis wich endgültig zurück. Auf dem freiwerdenden Gestein und dem jungen Boden entwickelten sich alsbald Flechten und Moose. Vielleicht war es ihr würziger Geruch, der die Rentiere aus dem sich bewaldenden Mitteleuropa nach Norden lockte – und ihnen wiederum folgten die Menschen, gleichermaßen auf Nahrungssuche.

Von Steinzeitjägern und Hünengrabbauern

Die frühesten menschlichen Spuren in Schleswig-Holstein werden um 15 000 v. Chr. datiert. Eine Anhäufung von Fundstellen rund um Hamburg läßt vermuten, daß die Elbe hier damals überquert werden konnte. Die einzelnen Artefakte weisen eindeutig auf **Rentierjäger**: Knochenreste von erlegten Tieren sowie einfache Jagdgeräte und Werkzeuge, wie Rengeweihbeile, Knochenharpunen, Pfeil und Bogen, Pfeilspitzen und Feuersteinmesser; auch kamen Anzeichen von Zeltplätzen zutage – einige davon mögen mehrfach benutzt worden sein. Gleichartige Funde traten zeitlich später immer weiter nach Norden auf – erst im 8. Jahrtausend v. Chr. am Oslofjord, womit sich der Rückgang des Eises bzw. das Vordringen der Menschen verfolgen läßt.
Durch die steigende Erwärmung der Erde wurde dann die Tundra mit ihren Zwergbirken und Polarweiden, Eisfüchsen, Schneehühnern und Hasen auch im norddeutschen und südskandinavischen Gebiet allmählich von dichten Birken- und Kiefernwäldern verdrängt; bald kamen Haselsträucher und Eichen dazu, später Ulmen und Linden und schließlich Buchen. Verständlicherweise brachte so eine klimabedingte Waldzone auch eine andere Tierwelt mit sich: sie wanderte nicht stetig (wie das Rentier auf der Tundra), so daß der Jäger hinterherziehen mußte, sondern sie lebte als Standwild ständig in diesen Waldgebieten. Ihre Nahrungssuche gestaltete sich nur als ein gewisser Wildwechsel, dem die Menschen bereits halbseßhaft Rechnung tragen konnten. Zu den die **mittlere Steinzeit** (9.–5. Jahrtausend v. Chr.) zunächst beherrschenden Wildarten gehörten Elch, Ur, Rothirsch, das Reh, der Bär und das Wildschwein.
Die Verarbeitung dieser Jagdbeute erforderte jetzt aber andere Werkzeuge: das Geweihbeil war zu schwach; man brauchte eins aus Stein. Es wurde aus Flint geschaffen. Schon vorher hatte sich dieser Feuerstein, der durch geschicktes Abschlagen zu gestalten ist, als damals leicht zu verwendendes Material für Messer und Schaber erwiesen. Das Steinbeil ermöglichte auch, dickere Äste zum Hüttenbau zu schlagen sowie Einbaumboote zur Jagd auf Wasservögel und für Fischfang herzustellen. Das älteste bisher in Deutsch-

Steinzeitliche Behausung.

land gefundene Steinbeil kam ebenfalls in der Nähe von Hamburg zum Vorschein wie auch Überreste der frühesten Hütten Nordeuropas (verstärkte Flechtwerkrundbauten; 8. Jahrtausend v. Chr.). Die ältesten Holzpaddel sind nur etwas jüngeren Datums. Selbst Angelhaken wurden entdeckt und Fischfangspeere.

Zur weiteren Bereicherung des täglichen Speisezettels suchten die derzeitigen **Jäger**, **Fischer und Sammler** nun ebenfalls Pilze, Nüsse und Wildgetreide, abgesehen von Beeren und Muscheln, die schon vorher der Nahrung dienten. Miesmuscheln in schwarzer länglicher Schale scheinen sich besonderer Beliebtheit erfreut zu haben, wie aus den mancherorts festgestellten Muschelhaufen zu schließen ist. Sie werden auch als ‚Küchenabfallhaufen' bezeichnet, da sich dort ebenfalls Schneckengehäuse, Fisch- und Krebsreste, Tier- und Vogelknochen fanden, ferner abgenutzte Werkzeuge und gegen Ende der Zeit Scherben von ersten einfachen Tongefäßen. Deren ‚Erfindung' stellt man sich so vor, daß ein aus harten Gräsern geflochtener Korb zufällig nicht mit Lehm verkleistert gewesen war, sondern mit Ton, und daß dieser ebenso zufällig nahe an das Feuer geraten war und somit gebrannt wurde. Die Idee der Verzierung von Tongefäßen mag wiederum vielleicht durch ein zerbrochenes Gefäß gekommen sein, dessen Scherben auf der Innenseite die Abdrücke des Flechtwerks hatten ...

Dies mag anzeigen, daß Fundstücke allein nicht genügen, um Licht in das Dunkel der Vergangenheit zu bringen; man braucht weiterhin Phantasie und Einfühlungsvermögen. So hat auch die Örtlichkeit eines Muschelhaufens Aussagekraft, wie beispielsweise einer am Waldessaum beim Windebyer Noor in Eckernförde. Hier konnte Wald und Wasser ausgebeutet und daher länger geblieben werden. Außerdem muß die alltägliche Nahrungsbeschaffung mittlerweile so einträglich gewesen sein, daß den Menschen Spielraum zu anderweitigem Nutzen gegeben war. Zum Beispiel kamen sie durch das Leben in der Natur und Beobachten ihrer Wirkung zum praktischen Ausprobieren, zum Experimentieren und Planen. Sie gruben junge Wildpflänzchen aus und pflanzten sie auf einem Stück Land bei ihrer Hütte ein; sie bewahrten im Herbst Samen auf, um sie im Frühjahr wieder in die Erde zu legen. Sie begannen, Wildtiere zur Hütte zu locken und sie zum Wiederkehren oder Bleiben anzuregen. Dies machte sie allmählich zu **Pflanzern und Hirten** und brachte sie auf den Weg zum Bauerntum. Die ältesten Ackerspuren Schleswig-Holsteins konnten unter einem Hünengrab im Dänischen Wohld auf der Südseite der Eckernförder Bucht festgestellt werden. Ein gezähmter Wolf, der Hund, war scheinbar schon früh zum Begleiter des Jägers und Beschützer der Familie geworden.

Frühe Gedankenwelt

Fernerhin wurden in den Küchenabfallhaufen auch bestattete Tote gefunden; es ließ sich da wohl einfacher als im harten Boden eine Liegestatt für den Verstorbenen herrichten. Man bettete ihn, als ob er schliefe, fürsorglich zugedeckt mit Erde, aus der so viel Leben sproß – auch das Leben nach dem Tod? Zweifellos müssen die Menschen damals darüber nachgedacht haben. Die sogenannte **Totenfürsorge** gilt als Beleg für ernste Gedanken, nun hier in ihrer Erdverbundenheit mit der Frage, ob der Mensch ebenfalls zum Kreislauf der sich ewig erneuernden Natur gehörte. Oder begrub man den Toten lediglich, um ihn aus dieser Welt auszuschließen, weil der leblose Körper Angst einflößte? Er war aber sorgsam hingelegt ...

Erste Anzeichen einer tiefgründigen Gedankenwelt jener steinzeitlichen Bevölkerung sieht die Wissenschaft in ihrer **Kunstäußerung**. Abgesehen von geometrischen Einritzungen auf Knochengeräten, die wie bei der Keramik als schmückende Verzierung anzusehen sind, wurden auch bildliche Darstellungen entdeckt – z.B. eine ziehende Rentierherde sowie ein Wildpferdkopf, der auf einer Bernsteinscheibe zu erkennen ist und vermutlich von einem Jäger als Amulett getragen worden war. Sie sind stilistisch in der gleichen Art wie die Felszeichnungen, die insbesondere in Norwegen vorkommen, und bestärken damit den Beweis unserer einheitlichen Kultur im Raum der westlichen Ostsee und dem angrenzenden Skandinavien.

Felswand mit Ritzbildern aus der naturverbundenen Jägerkultur.

Bei den **Felszeichnungen** handelt es sich um Einritzungen im nackten Gestein, Konturenzeichnungen von Rentieren, Bären, Elchen, Rehen und Hirschen, sowie von Lachsen, Heilbutt und Walen, ja, auch von Vögeln. Nur hier und da findet man menschliche Figuren und erst in der Spätphase Zeichen, unter denen der Kreis auffällt. Offensichtlich war es das Tier, das das Leben dieser Menschen beherrschte: das A & O zum Überleben, der Grundstoff für den Alltag – Nahrung, Kleidung, Geräte. Die wenigen Darstellungen von Menschen sind ausgesprochen einfach, primitiv bis flüchtig; meist Strichmännchen. Sie spielen deutlich nur eine nebensächliche Rolle. Der Mensch muß sich damals den Tieren ohne Frage unterlegen gefühlt haben; sie besaßen Eigenschaften, die er nicht hatte: sie waren schneller, konnten fliegen und schwimmen, und es war schwer, sie einzufangen.
Untersuchungen in bezug auf die Örtlichkeit dieser Ritzzeichnungen ergaben, daß sie meistens an Stellen angebracht sind, die einst günstig für den Wildwechsel gelegen haben müssen, also günstig für das Jagdglück ... Doch scheint man dem Glück allein nicht vertraut zu haben, und darum mögen sich die ersten ‚schweren' Gedanken der Steinzeitmenschen gedreht haben. Wahrlich, sie führten ein absolut naturverbundenes Dasein. Sie lebten in und mit der Natur, sie erkannten ihre Gesetzmäßigkeit, verstanden sie aber nicht, und daher trauten sie ihr nicht. Auch wenn die Sonne bis dahin jeden Morgen aufgegangen war, so konnte doch die dunkle Nacht sie eines Tages verschlungen haben; auch wenn jedes Jahr im Frühling alles grünte und blühte, vielleicht nächstes Jahr nicht; und die Elche und Lachse? Man müßte sie zwingen können, immer wiederzukommen; doch wie?

Bei den wenigen Lappen, Eskimos und Indianern, die noch heute fern unserer Zivilisation das althergebrachte Leben ihrer Vorväter führen, ist es z.B. nach wie vor üblich, sich Zeichnungen oder Abbilder des Tieres anzufertigen, das sie erbeuten möchten, und diese vom Schamanen ‚besprechen' zu lassen. Es dürfte daher vorstellbar sein, daß die Steinzeitmenschen zum gleichen Schluß ihrer ersten Gedankengänge gekommen sind: man machte eine Zeichnung, d.h. versah das nahe Gestein mit Ritzbildern solcher Tiere, die man dort erlegen oder fangen – bannen – wollte! Es wurden nämlich auch noch Anzeichen entdeckt, daß die Linien mit rotem Farbstoff ausgefüllt waren; Rot – wie das Blut, der Lebenssaft aller Kreatur – jene Farbe, der überall und zu allen Zeiten magische Kräfte nachgesagt werden ...
Magie, Beschwörung, war also die Antwort und mit einer sichtbaren Äußerung in Form impressionistischer Darstellung; sichtbar für die erhoffte Beute und ebenfalls für die große unbekannte Kraft hinter allem. Denn da ist auch noch der Kreis neben den Tierzeichnungen. Die Sonnenscheibe könnte Pate gestanden haben: nachgezogen wird sie zu einer geschlossenen Linie ohne Anfang und ohne Ende, immer die gleiche Bahn. Sollte der Kreis das Symbol für die sich wiederholende Gesetzmäßigkeit in der Natur sein? Und wollten die Menschen auch ihr damit zeigen, daß sie ihrer bewußt waren? Vielleicht. Aber warum wurde mühsam in hartes Gestein geritzt? Hatten diese Menschen mit ihrem Wunsch, daß es immer so bliebe, auch schon den Begriff ‚Ewigkeit' geprägt und als Symbol dafür den ehernen, unvergänglichen Stein gefunden? Wahrscheinlich.
Fast könnte man meinen, daß bereits aus dieser frühen Zeit das Sprichwort „Der Mensch denkt und Gott lenkt" stammt mitsamt dem uns heute noch anhaftenden Drang, ein klein wenig nachhelfen zu müssen.
Waren Jäger und Sammler noch mit dem zufrieden, was ihnen die Natur gab, so versuchten die Bauern, sich die Natur durch feldmäßigen Anbau und Tierzüchtung zunutze zu machen und damit vorzusorgen. Allein das Bemühen darum und die ersten bescheidenen Erfolge gaben dann auch schon den Pflanzern und Hirten Zeit und Veranlassung zu weiterem Nachdenken.
Da war das eigene Leben als solches – und dann der Tod am Ende eines Menschenlebens. Bedeutete er wirklich das Ende? Glaubte man nicht, daß selbst Tiere eine Art Seele haben, die sich nach dem Tod eine neue Hülle sucht? Einige der Felszeichnungen weisen eine Linie auf, die von der Herzgegend zum Mund führt – „damit die Seele beim Tod entweichen kann" erklären die Indianer eine gleiche Linie bei ihren Zeichnungen. Auf jeden Fall bestattete man nunmehr tote Menschen. Ob auch sie eine Seele hatten, die wandern konnte, wußte man nicht; sollte man es hoffen oder daran glauben? Eskimos glaubten beispielsweise, daß die Seele eines Toten in das nächste neugeborene Kind wandert. War der Tote ein böser oder ein ‚besessener' Mensch, mußte das nächste Baby getötet werden.

Mit den Gedanken um den Tod und die Frage, ob der Mensch auch zu der sich ewig erneuernden Natur gehörte, war der Steinzeitmensch wieder bei der rätselhaften Kraft angelangt, die alles Leben und Geschehen lenkte. Wer oder was war sie? Konnte und würde sie ewig sein, damit alles auf Erden und am Himmelszelt ewig im Rhythmus von Kommen, Werden, Vergehen und Wiederkehren blieb?
Es waren schwere Gedanken und noch schwerer, ihnen Ausdruck zu verleihen, ihnen Gestalt zu geben, um vielleicht dadurch einen Partner für seine geheime Zwiesprache zu erhalten, einen Partner, dem man symbolhaft begegnen und sagen konnte, daß man ‚das Geschehen' durchaus erkannt habe und nicht achtlos hinnähme und daß man an dem Fortbestehen interessiert sei und gerne sein Scherflein dazu beitragen möchte ...
Nun, zunächst einmal hatten sie Stein und Kreis als Sinnbilder gefunden. Eine Begegnungsmöglichkeit muß in den jetzt aufkommenden kultischen Handlungen gesehen werden. Den Rahmen dafür, die angelegte Kultstätte, lassen dann erst Anzeichen aus der Spätphase der folgenden **Jungsteinzeit** (4500–2000 v. Chr.) vermuten, als die Menschen längst zu seßhaften **Bauern** geworden waren und an der Schwelle zur Metallzeit standen.
Aufmerksam war die Wissenschaft durch die Gepflogenheit der Lappen geworden, eigenartige Felsbrocken zu verehren und dort auch Opferzeremonien abzuhalten. Was die Archäologen nun als jungsteinzeitliche Kultplätze ansehen, Begegnungsstätten der Menschen mit der großen Unbekannten, sind gediegene oder auffallend große Steine, um die herum sich in einem gewissen Abstand und einst offensichtlich zu einem Kreis hingerollte etwas kleinere Steine befinden.
Etwa seit der Bronzezeit traten solche Steinkreise auch ohne Zentralstein und aus aufgestellten größeren Steinen auf; gemäß alter Überlieferungen werden sie ‚Sonnenkreise' genannt und standen mit dem Sonnenkult in Verbindung, der dann bis zum Christentum vorherrschend war. Unter diesen Kreisen gibt es eine Gruppe, die stets aus 13 Steinen besteht; sie sollen Thingstätten gewesen sein, Plätze, wo der Rat der Alten tagte; sie befinden sich aber stets auf sogenannten ‚Friedhöfen' und sollten daher eher in Verbindung mit dem älteren Totenkult der Jungsteinzeit gesehen werden. Zu der Zeit hat es ebenfalls Steinkreise gegeben, die deutlich den Toten galten: sie umgeben Großsteingräber sowie Grabhügel und werden daher **Bannkreise** genannt – sie umschließen einen geheiligten Platz, bannen das Böse.
Weiteres deutet darauf hin, daß sich nicht nur die einfache Totenfürsorge durch die Anlage von Gräbern zu einem Kult entwickelte; so ein Ort muß auch außerhalb von Beerdigungszeremonien Bedeutung gehabt haben, und das vermutlich als allgemeine Kultstätte, wo man der unbekannten Naturgewalt nahe war.

Großsteinhäuser für die Toten

Allgemein sagt man zu den bei uns häufig frei in der Landschaft stehenden Steinkammern ‚Hünengräber', weil es im Volksglauben nur Hünen, riesenhafte Menschen, gewesen sein können, die solche schweren Findlingsblöcke bewegen konnten. Die Zeitspanne ihrer Errichtung und Verwendung als Grabstätten reicht von wahrscheinlich 4000 bis 1500 v. Chr., also von der Jungsteinzeit bis in die Bronzezeit hinein. Ihrer besonderen Eigenheit wegen erhielt diese übergreifende Periode auch bei uns eine gesonderte Bezeichnung, nämlich **Nordisches Megalithikum**.
Nach vorsichtigen Schätzungen soll es in Schleswig-Holstein etwa 6000 Megalithgräber gegeben haben. Späterer Bedarf an Steinmaterial für Häuser, Kirchen und Straßen ließ nur noch 380 übrigbleiben, und davon zählen lediglich 10% als Sehenswürdigkeiten. Es lohnt sich aber, ihnen mit etwas Hintergrundwissen gegenüberzutreten und dadurch noch weiteren 10% Interesse abzugewinnen.
Konkretere Mutmaßungen in bezug auf jene Zeit sowie ihre mehr weltlichen Aspekte wurden wiederum durch Auswertung archäologischer Funde möglich. Gerade Gräber und Grabanlagen sind für die Forscher die vielsagendsten stummen Zeugen von früher; weisen sie doch einerseits indirekt auf die Gedankenwelt jener Menschen und lassen zum anderen Datierungen zu. Hierbei ist allerdings gerade bei uns die Tatsache erschwerend, daß die Grabstätten mehrfach benutzt wurden und somit oft aus ihrer Ursprungszeit nichts mehr vorhanden war.

Dolmenzeit

Den anscheinend etwas sprunghaften Übergang zum **Bauerntum** setzt man in unserem Gebiet in die beginnende Jungsteinzeit (auf etwa 4200 v. Chr., wenn man den neuesten Daten Glauben schenkt; andernfalls über 1000 Jahre später). Bis dahin hatte man auch nur rohe Tonwaren als Haushaltsgefäße und einfache Feuersteinwerkzeuge verfertigt sowie die Toten schlicht in Küchenabfallhaufen beerdigt.
Nun wurde mit einem Mal sozusagen seßhafte Bauernwirtschaft festgestellt, Feuersteinwerkzeuge waren geschliffen, Felsgesteinäxte weisen ein gebohrtes Loch für den Holzgriff auf, und für die Toten wurden plötzlich Gruben im Erdreich ausgehoben sowie vielfach bereits über dieser Art von angelegtem Grab ein kleiner Hügel aufgehäuft. Des weiteren waren den Toten Speisen in kleinen trichterbecherförmigen Tongefäßen beigegeben ...
Bald darauf traten dann auf Seeland in Dänemark, dem vermutlichen Kerngebiet unserer Kultur, die ersten Großsteingräber auf, Steinkammern, die nach dem bretonischen Wort für Tisch *Dolmen* genannt werden (dän.: *dysse*).

Das Megalithikum

Zeitspanne, während der an verschiedenen Stellen Nord- und Westeuropas sowie rund um das Mittelmeer Großsteine (Menhire) und Großsteinbauten (Dolmen) im Zusammenhang mit einem Totenkult errichtet wurden.
Die ersten dieser aus großen Steinen (griech.: megas lithos) erstellten Grabkammern standen überall sehr plötzlich und so beeindruckend da, daß sie eben dieser von der Jungsteinzeit bis in die Bronzezeit reichenden Kulturperiode die allgemeine Bezeichnung MEGALITHIKUM einbrachten und ihren uns unbekannten Erbauern den Namen *Megalithiker.*
Die Tatsache, daß solche Megalithbauten nur in Küsteneinzugsgebieten zu finden sind und man ihren Ursprung im Glauben der damaligen Menschen sieht, gibt der Vermutung von einer Verbreitung der Grundidee durch frühe Seefahrer gewissen Spielraum. Aber gerade darin liegt auch ein Gegenargument: daß im Grunde genommen an manchen Stellen der Erde eine gleichartige Entwicklung durchgemacht wurde, man zu dem gleichen Ergebnis kam, ohne daß eine Verbindung dagewesen war oder hätte sein können, die wir heute im nachhinein überall suchen und zu sehen glauben.
Dennoch drängen sich durch Datenvergleiche in bezug auf die Megalithkulturen im großeuropäischen Raum zwei Urzentren auf: im östlichen Mittelmeer, wo alle Entwicklung der unsrigen voraus war, und bei uns hier im Norden. Man möchte von Ur-Phöniziern und von Ur-Wikingern sprechen, die nach Westen bzw. nach Süden aufbrachen. Vielleicht war die Iberische Halbinsel der Treffpunkt dieser beiden gleichartigen Kulturströmungen, die aber wiederum nur als zufälliges Nebenprodukt zu betrachten sind; denn sicherlich war der Handel, Waren- und Rohstoffaustausch, der Beweggrund für die Seefahrten zu fernen Küsten.
Die Forschung sieht gerne eine mystische Verbundenheit aller ‚Megalithiker' ... Wir ‚Normalverbraucher' sehen nur hier und da am Rande unserer Ferienstraßen Überreste von Megalithbauten, Steinhaufen, die wir uns aber immerhin mit etwas ‚Know-how' zeitlich einsortieren und in den Rahmen der damaligen Welt setzen können.

Freigelegte Großsteinkammer – im Volksmund ‚Hünengrab' genannt, auf einem Hügel bei Lehmsiek nahe Eckernförde.

Bei dieser kleinen Art, dem **Ur-Dolmen**, sind im Prinzip vier Findlinge als Tragsteine aufrecht in kleine Gruben um eine viereckige Grundfläche gesetzt und mit einem großen Findlingsbrocken als Deckstein überdacht worden – z.B. GOOSEFELD bei Eckernförde. Es kommen aber ebenfalls etwas größere, mehr rechteckige Kammern vor, hin und wieder mit je zwei Tragsteinen an den beiden Langseiten sowie manchmal zwei Decksteinen – z.B. BÜDELSDORF bei Rendsburg. Die Zwischenräume füllte man mit kleinen Steinen und Lehm aus und überhügelte dann auch so ein Totenhaus in den meisten Fällen. Eine Erdaufschüttung war wohl ohnehin zumindest an einer Seite nötig gewesen, um die bis zu etwa 10 Tonnen schweren Decksteine über eine schiefe Ebene plazieren zu können. Seile und Baumstämme als Rollen und Hebel scheinen des weiteren dabei geholfen zu haben.

Der sogenannte Poppostein bei Helligbek/Angeln.

Dolmen – Großsteingräber der Jungsteinzeit

Im Papenbusch, Albersdorf/Dithm.

Am Parkplatz bei der Autobahnüberführung Ramsdorf-Ascheffel in den Hüttener Bergen.

Die trichterbecherförmige Keramik, die in den Erdgräbern und auch in den Dolmen zutage kam, war der Forschung wie ein Schlüssel zur Enträtselung des großen Schrittes vorwärts, den das Leben der Bevölkerung zeigte, und für die Wandlung in der Bestattungsform ihrer Toten: Es müssen neue, fortgeschrittenere Menschen aufgetreten sein, die eben solche Tonwaren verfertigten, Totenverehrung pflegten, bereits Bauern waren und sich wohl auch am Überseehandel beteiligten. Vielleicht hatte dieser sie überhaupt nach hier geführt! Über das Wasser scheinen sie gekommen zu sein, weil sich auch manche Anzeichen von Bootsanlegeplätzen fanden.
Was die Menschen schon zu so früher Zeit in die Ferne brachte, war die Suche nach Rohmaterial. Es waren Unternehmungen, die vom weiterentwickelten Mittelmeergebiet ausgingen. Warum sollte man ihnen da nicht entgegenkommen? Die begehrten Materialien aus dem Norden waren Feuerstein und der Ostsee-Bernstein, weil ihm magische Kräfte zugeschrieben wurden und er daher als Amulett hochgeschätzt war. Zu uns kamen Fertigwaren sowie Getreide, und mit den Gütern gingen sicherlich auch Gedanken und Ideen hin und her.
Nun, anhand der trichterbecherförmigen Keramik konnte der Weg ihrer Hersteller zurückverfolgt werden: sie scheinen demnach aus dem Raum südlich des Baltikums gekommen zu sein. In Ermangelung eines Stammesnamens werden sie **Trichterbecherleute** genannt und als nördliche Verwandte der südlicheren *Bandkeramiker* angesehen – sowie dann letztlich hier um die westliche Ostsee im gewissen Sinn als die Träger der Nordischen Megalithkultur. Auf diesem Weg vorwärts muß nämlich in Frage gestellt bleiben, ob sie selber die notwendigen Ideen hatten oder ob sie zumindest gewisse Anstöße von außen durch ihren vermeintlichen Handel und/oder durch ihr Zusammentreffen mit der hiesigen Urbevölkerung erhielten.
Zweifelsohne haben sich die Trichterbecherleute problemlos niederlassen können; vermutlich blieben sie aber nur im südlichen Küstenbereich, wo es genügend Land gab, Waldland, das sie rodeten und auf ihre Art und Weise zu bebauen begannen, die den Erkenntnissen der Einheimischen voraus war. Diese wiederum schauten nicht neiderfüllt zu, sondern lernend und – schließlich – nachahmend und weiterdenkend. Denn ob mit den tatsächlich anwesenden Trichterbecherleuten oder ohne sie, das ganze Gebiet wirkte bald als von einem wie diese lebenden Bauernvolk besiedelt: alle gaben ihren Toten Trichterbecher mit ins angelegte Grab. Ansonsten bildeten sie wahrscheinlich lose Dorfgemeinschaften und versahen die Rodungsarbeiten gemeinschaftlich. Anbauwechsel war noch unbekannt, und so mußte immer wieder ein neues Stück Wald abgeschlagen werden, wenn sich der Boden erschöpfte. Auf dem alten Acker wuchs Gras und konnte als Weide genutzt werden – bis sich auch darüber wieder Buschwerk und dann schließlich wieder Wald ausbreitete.

Dolmen-Grundrisse

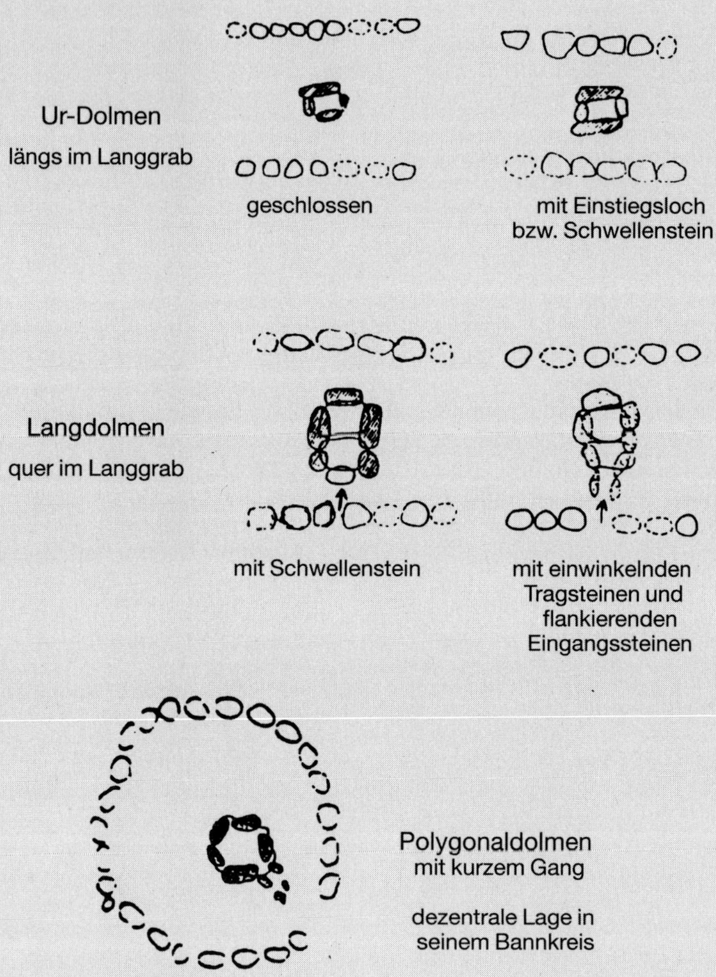

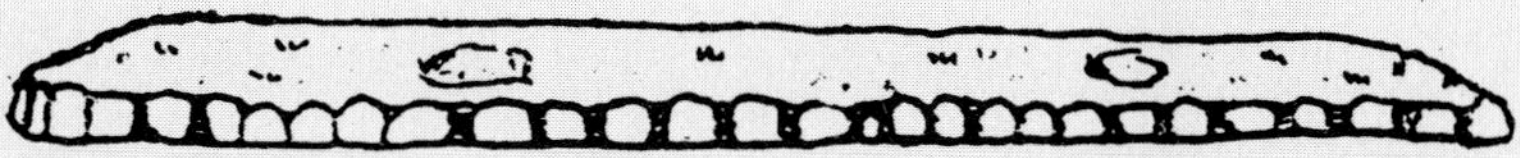

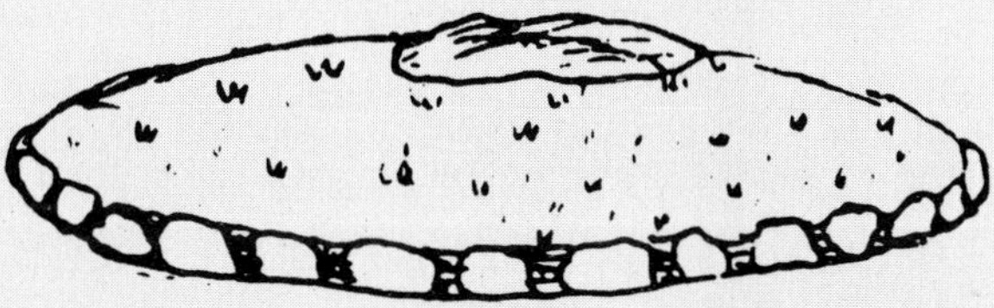

Außenansicht von Lang- und Rundgrabanlagen

Die Idee, einen vermutlich geehrten Toten dann in einer Steinkammer zu bestatten, ihm für das (erhoffte) ewige Leben ein ewigbleibendes Haus zu errichten, scheint der Gedankenwelt der hiesigen Urbevölkerung entsprungen zu sein. Zwar ist nicht zu rekonstruieren, ob so ein früher Glaube mit dem Stein als Verkörperung des Begriffs ‚Ewigkeit' nur an einer Stelle entstand und weitergegeben wurde, wie eben bei uns im Norden Europas. Wohl kaum; er liegt zu offen am Gedankenweg früher Menschen. Aber gerade aufgrund unserer Felszeichnungen möchte die Wissenschaft hier von einer bruchlosen kulturellen Entwicklung sprechen.

Wenn die offensichtlich von mehr Unternehmungsgeist erfüllten Trichterbecherleute diesen Glauben nicht ebenfalls hatten, hörten sie davon, die Idee leuchtete ihnen ein, und die hier zahlreich umherliegenden großen Steine boten sich auch vorzüglich für Steinkammergräber an. Die Idee des angelegten Erdgrabes bzw. der Erdhügel – daß man die Toten sozusagen in den Schoß der Leben spendenden Erde gab – hat sicherlich bereits in der bäuerlichen Gedankenwelt der Trichterbecherleute gelegen wie auch, daß den Toten Speisen mit auf den Weg gegeben wurden; man war fürsorglich, glaubte

demnach an ein Leben nach dem Tod – an die Wiedergeburt. Das entsprach vielleicht den noch nicht zu Ende gedachten Gedanken der Urbevölkerung, und sie übernahmen diesen Brauch der Neuankömmlinge ebenso wie deren Ackerbaumethoden.
Mit Elan scheinen dann die hier nun von uns *Megalithiker* genannten Menschen überall im Rahmen ihrer Siedlergruppe an die gemeinsame Arbeit gegangen zu sein; denn so eine überhügelte Grabanlage aus Großsteinen erforderte sicherlich ein Zusammenwirken, und sie dürfte auch jeweils einer Gemeinschaft, dem Anführer einer Gruppe, gegolten haben. Es mag in Verbindung mit seinem Ansehen gewesen sein, daß nicht unbedingt ein runder Erdhügel, sondern eine viereckige, mehr oder weniger in die Länge gezogene Erdanlage darüber erstellt wurde. An ihrem Fuß reihen sich Randsteine, die ebenso das Erdreich haben halten sollen wie auch (trotz der langrechteckigen Form) als Bannkreis gedacht sein könnten. Die längste Schleswig-Holsteins liegt im BREDENHOPER WALD bei Albersdorf/Dithm. und mißt 160 m; sämtliche Steine wanderten allerdings in spätere Bauvorhaben. Die meisten solcher **Langgrabanlagen** sind zwischen 20 und 40 m lang, ein Teil auch bis zu 70 m. Sie enthalten jeweils zwei bis sechs Steinkammern und könnten zunächst vielleicht für die Anführer von mehreren Siedlergruppen einer Gegend gewesen sein. An manchen Stellen finden Sie auch mehrere Langgrabanlagen beieinander, die möglicherweise für die jeweils nächste Generation angelegt worden waren – z.B. MUNKWOLSTRUP an der B 76 südlich von Flensburg. Dort sind ebenfalls zwei Rundhügel und ein wuchtiger sogenannter ‚Wächterstein'.
Diese Grabgestaltung aus großen Steinen und im Schoß der Erde muß sich im 4. Jahrtausend v. Chr. verhältnismäßig schnell im vermeintlichen Ursprungsgebiet auf Seeland sowie im gesamten Raum um die westliche Ostsee ausgebreitet haben. Ihre allgemeine Weiterentwicklung läßt dann sogar Verbindung zu ferneren Gestaden erkennen, wie z.B. der Bretagne, wo sich Niederschläge aus unserem Norden fanden und von wo wiederum vermutliche Anzeichen bei uns aufgetaucht sind.
Auf jeden Fall muß der Arbeitsaufwand für solche Totenfürsorge doch recht erheblich gewesen sein, so daß bald der Gedanke einer Wiederbenutzung der Anlage kam; daß also auch die nachfolgenden Oberhäupter oder aber die jeweiligen Familienangehörigen in der gleichen Kammer bestattet werden sollten (und wurden – Nachbestattungen sind festgestellt worden). Die vorausschauende Planung zeigt sich in einem Zugang bzw. Einstiegsloch an ihrer einen Schmalseite, gebildet durch einen halbhohen Schwellenstein. Das Beispiel hierfür, der HARHOOG bei Keitum/Sylt, veranschaulicht außerdem mit den teilweise erhaltenen Randsteinen seines einstigen Rechteckhügels, daß die Ur-Dolmen darin in Längsrichtung standen – der Zutritt mußte jeweils von oben freigegraben werden ...

Langgrabanlage mit drei Steinkammern bei Karlsminde/Schwansen. In den Randzonen wurden Urnenbestattungen aus der Eisenzeit gefunden.

Dies führte zweifellos zu weiteren Überlegungen, deren Ergebnisse das Langgrab bei KARLSMINDE in Schwansen beweist. Hier nun stehen drei Steinkammern jeweils quer zur Achse der dammartigen Erdaufschüttung und mit ihrer Öffnung nahe einer kleinen Lücke zwischen den Randsteinen, die wiederum einfach durch Holz oder eine Steinplatte zu verschließen bzw. wieder zu öffnen war. Daher wird auch die Kammer einfacher und öfter zu belegen gewesen sein und ist somit bereits breiter und länger als bisher erstellt worden. Wir nennen diese größere Art mit ihren bis zu drei Decksteinen **Langdolmen**. Sie kommen in Schleswig-Holstein am häufigsten vor und ebenfalls einzeln in kleinen Rundhügeln – z.B. Gut HEMMELMARK bei Eckernförde. Verschiedenartige Zugänge lassen vier Typen erkennen. Der mit Schwellenstein ähnelt dem geöffneten Ur-Dolmen und ist am meisten vertreten – z.B. Gut BIRKENMOOR im Dänischen Wohld; ferner PENNEBUSCH, Malente in der Holsteinischen Schweiz, DELLBRÜCK bei Meldorf/Dithm.

Besonders in Nordseeland kann man eine eigenartige Überschneidung von Lang- und Rundhügeln bemerken sowie ebenfalls der Langdolmen mit so-

Dolmen in ihrer äußeren Steinfassung, dem Bannkreis, der bei Langgräbern viereckig war, da er zugleich das Erdreich der Überhügelung stützte.

oben: Harhoog auf Sylt – unten: Pennebusch bei Malente.

Der Brutkamp genannte Polygonaldolmen in Albersdorf/Dithm. Sein wuchtiger Deckstein ist mit 48 t Gewicht der schwerste in unserem Land.

genannten **Polygonaldolmen**. Dies sind noch wieder erweiterte Steinkammern, nun rundlich-mehreckig und mit einem gewaltigen Deckstein. Zwei flach abgedeckte niedrigere Tragsteinpaare bilden einen kurzen Gang zur Steineinfassung der Erdaufschüttung; daher liegt so eine Steinkammer in einem Rundhügel niemals im Zentrum – z.B. BRUTKAMP, Albersdorf/Dithm. Interessanterweise sieht die Forschung keine Entwicklung dieses Polygonaldolmens aus den Langdolmen, sondern eher umgekehrt. Wahrscheinlich ist der Polygonaldolmen mit seinem steingefaßten Rundhügel ein Import von der Bretagne nach Nordjütland, wo er durch den Limfjord zur Djursland-Halbinsel kam und wohl dort seine nordische Heimat fand. Er galt von Anfang an der Mehrfachbestattung, wie es auch in der Bretagne (neben Einzelbestattung) üblich war. Die Ausbreitung dieses Dolmentyps ging dann bei uns vor allem nach Osten, über Nordseeland nach Schweden, ansonsten durch Jütland bis ins nördliche Schleswig-Holstein. Es kann durchaus möglich sein, daß sein Auftauchen im Ursprungsgebiet des nordischen Ur-Dolmens auf Seeland zu dessen Öffnung führte, hier also den Funken für eine Mehrfachverwendung zündete.

Ganggrabzeit

Von Kollektivgräbern spricht man dann allerdings erst bei den in der mittleren Jungsteinzeit ab etwa 3200 v. Chr. auftretenden Ganggräbern, in denen bis zu 100 Bestattungen festgestellt werden konnten. Sie scheinen sich ebenso aus dem Polygonaldolmen wie auch aus den Langdolmen entwickelt zu haben. Es gab zunächst zwei Arten:

– **Das Nordische Ganggrab**: oval bis bauchig-rechteckig mit mehreren Decksteinen und langem Gang an der einen Breitseitenmitte sowie von einem Rundhügel überdeckt; abgeleitet vom Polygonaldolmen und in dessen Ausbreitungsgebiet vertreten, d.h. in Schleswig-Holstein nur im nördlichen Teil – z.B. DENGHOOG bei Wenningstedt/Sylt.

– **Die Holsteiner Kammer**: langrechteckig mit gleichviel Decksteinen wie Tragsteinpaaren und kurzem Gang, der meist seitlich der einen Breitseitenmitte ansetzt; vorwiegend in Langhügeln (z.B. KAKÖHL b. Lütjenburg/Kr. Plön) sowie in hufeisenförmigen Hügeln (z.B. BLANKENSEE b. Lübeck); vom Langdolmen abgeleitet, in Ostholstein entwickelt und weiter nach Niedersachsen und Mecklenburg verbreitet – z.B. WALDHUSEN bei Pöppendorf/Ostholst.; KLECKERWALD bei Hittfeld/Nordheide; EVERSTORFER FORST bei Grevesmühlen/Meckl.

Beide kommen in Deutschland nicht mehrfach in ihren Hügeln vor, wohl aber die Nordischen Ganggräber in Dänemark – zwei Kammern mit je einem Gang, doch einer gemeinsamen Steinsetzung (Trennwand) an der einander zugeneigten Schmalseite.

Ganggrab-Grundrisse

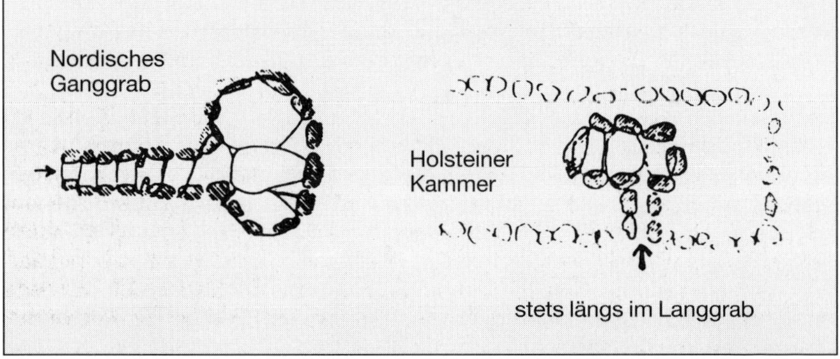

*Denghoog auf Sylt: ein Nordisches Ganggrab in seinem Hügel.
Es wurde von oben zugänglich gemacht; der Einstieg lohnt sich.*

Freigelegte Holsteiner Kammer im Waldhuser Forst bei Lübeck-Pöppendorf.

In Langgrabanlagen stehen Holsteiner Kammern wegen ihres seitlichen Zugangs stets in Längsrichtung wie hier im Kleckerwald bei Hittfeld.

– In der Spätzeit traten in Dänemark auch noch **Kistenkammern** auf: absolut langrechteckige Kammern in Rundhügeln und teilweise innen über mannshoch; sie können ebenfalls kleinere Nebenkammern haben sowie zwei parallele Zugänge rechts und links einer mittleren Trennwand in der Kammer. Diese dänische Variante gilt als Höhepunkt, als Vollendung des nun symmetrisch gestalteten und statisch perfekten Ganggrabes in unserem Norden; entwickelt im Ursprungsgebiet der Dolmen und vielleicht ebenfalls als ein Rückschlag der Holsteiner Kammer zu betrachten, die aber in ihrer regelmäßigen Art, wie auch das Nordische Ganggrab, immer verhältnismäßig klein blieb (meistens um 5 m).
Die Ganggräber (dän.: *jaettestuer*) lösten nicht etwa die Dolmen ab, es wurden weiterhin neue erstellt und auch die alten noch wieder neu belegt. Ebenfalls gab es weiterhin die einfachen Erdgräber – für das gemeine Volk? – denn verwunderlicherweise bestand kein Unterschied bei den Grabbeigaben in Erd- und Steingräbern, die vielleicht auf einen Standesunterschied hätten hinweisen können; sie waren gleich spärlich. Trotzdem bürgerte sich für die Ganggräber die einer gehobeneren Gesellschaftsschicht angemessene Bezeichnung ‚Sippengrabstätten' ein. Man hatte nämlich nun schon so viel

gelernt, daß im Alleingang gewirtschaftet werden konnte. Das einst dichte Waldland war offener gestaltet, und man lebte als Einzelbauern, vielleicht auch als ‚Herren' auf großen Höfen. Rinder, Schweine, Schafe und Ziegen wurden gehalten, Weizen, Gerste, Hirse und wahrscheinlich Flachs angebaut. Im Boden festgestellte Furchen lassen auf die Verwendung eines einfachen Pfluges ohne Streichbrett schließen, der den bisherigen Grabstock ersetzte. Der Ertrag muß sehr gut gewesen sein, da sich auch allgemein ein gewisser Wohlstand erkennen ließ. Dem entsprach dann wohl ebenfalls die Anlage einer stattlichen Erbbegräbnisstätte: das Ganggrab.

Die meisten der noch vorhandenen Nordischen Ganggräber sind auch heute noch in ihrem entsprechend großen Rundhügel fast intakt erhalten; einige von ihnen wurden zugänglich gemacht, so daß man hineingehen kann (Taschenlampe nicht vergessen!) – z.B. RÄUBERHÖHLE zwischen Idstedt und Schleswig, LINDEN-PAHLKRUG/Dithm.

Die Setzung der großen Tragsteine ist erstaunlich: einerseits etwas nach innen geneigt, damit sie die Last der Decksteine gut halten konnten, zum anderen stets mit der flachen Seite nach innen; auch die bis zu 30 Tonnen schweren Decksteine liegen auf ihrer flachen Seite, die einst auf dem langen Weg in den Gletschern abgeschliffen worden war. Alle Zwischenräume waren

Lücken zwischen den Tragsteinen wurden mit Trockenmauerwerk gefüllt.

mit ‚Trockenmauerwerk‘ (kleinen Steinplatten ohne Mörtel) sowie mit Lehm abgedichtet. Der Boden wurde mit Platten belegt und/oder meistens mit frisch geglühtem weißen Feuersteingrus bedeckt. Von innen betrachet, wirken die Kammern mit ihren geradezu glatten Wänden längst nicht so grob und unbeholfen, wie sie von außen erscheinen, wenn sie ihres Hügels beraubt wurden. Ganz ohne Frage waren die Kammern auf ‚Innenansicht‘ erstellt, während man bei den Hügeln die ‚Außenansicht‘ im Auge hatte: die einfassenden Steine am Fuß sind mit der flachen Seite nach außen gesetzt – d.h. in einen eigens dafür ausgehobenen Graben gekippt – und ebenfalls mit Trockenmauerwerk zu einer glatten Front verbunden worden; gleichermaßen bei Rund- und Langgräbern.
Dennoch ist anzunehmen, daß die Megalithgrabstätten nicht etwa als Denkmäler betrachtet wurden. Manche Wissenschaftler bezeichnen sie auch als ‚Beinhäuser‘, da es Hinweise gibt, daß die Toten nicht unbedingt sofort in den Kammern beigesetzt worden waren, sondern erst woanders bestattet oder verwahrt gewesen sein müssen. Denn im Gegensatz zu Skeletten von dort offensichtlich und nunmehr auf dem Rücken hingelegten Toten sind auch quasi hingelegte Skelette zutage gekommen (hin und wieder fehlten dabei einzelne Knochen – es mag Zufall oder Absicht gewesen sein ...). Nach wie vor konnte die Unwissenheit um die große Unbekannte, die Gesetzmäßigkeit in der Natur, der man hilflos ausgeliefert war, die Menschen nur mit gewisser Besorgnis erfüllt haben – oder gar mit Angst.
So kann der heute in Stein dastehende frühe Glaube in bezug auf den selbst uns noch etwas unheimlichen Tod auch von einer anderen Seite gesehen werden: nicht positiv, daß dem Toten ein steinernes, ewigbleibendes Haus für sein ewigwährendes Leben gegeben wurde, sondern negativ: daß der Tote Furcht heraufbeschwor, daß er von bösen Geistern besessen wäre oder eines Tages selber als Geist zurückkehren könnte. Dieses erschreckende Unbehagen vor ‚Wiedergängern‘ dürfte durchaus ebenfalls hinter der Idee mit den festen Steinkammern und Hügeln gestanden haben wie auch mit den Bannkreisen: daß sie nicht nur allgemein das Böse von außen aus dem geheiligten Bezirk der Grabstätte fernhalten sollten, sondern gleichwohl umgekehrt: das Unheimliche innerhalb des Bannkreises und der Steinkammer sollte nicht nach draußen dringen können. – Ebenso kann die mancherorts übliche Bestattung der Toten in Hockerstellung (seitwärts mit angezogenen Knien) negativ ausgelegt werden, zumal meistens auch Körper und Beine mit einer Schnur zusammengebunden waren (der Tote sollte nicht aufstehen und durch die Welt der Lebenden geistern können).
Auf der anderen Seite sind da aber Anzeichen, denen zufolge die Großsteingräber bei den Lebenden als allgemeine Kultstätten eine Rolle gespielt haben müssen. In den meisten Fällen war nämlich zumindest die höchste Stelle der Decksteine nicht von Erde bedeckt bzw. sie bildete die Kuppe des Hügels.

Ein hochkant aufgestellter Hünengrabdeckstein mit Kultschälchen, die durch weiße Farbe besser erkennbar gemacht wurden. In Hohenwestedt.

Bei der Holsteiner Kammer nahe Blankensee bei Lübeck wurde z.B. um diese Steinkuppe herum eine dicke Lage Asche mit Holzkohlenresten entdeckt, die eigentlich nur kultischen Ursprungs gewesen sein kann. Wem so eine Kulthandlung galt, den Toten oder der großen Unbekannten, die über alles Leben und damit auch über den Tod herrschte, bleibt dahingestellt.
Ansonsten scheint man gegen 2000 v. Chr., um die Wende zur Bronzezeit, kleine Schälchen in den freiliegenden Deckstein geschmirgelt zu haben; ob während einer Kulthandlung oder ob das Schmirgeln als solches die Kulthandlung war, ob es der ‚Schamane' oder jedermann machte, ist wiederum eine Frage. Da ebenfalls kleine und kleinste Steine mit solchen Vertiefungen bei anderen vermutlichen Kult- und Opferstätten gefunden wurden, dürfte sich auch bei den Grabstätten eine kultische Bedeutung aufdrängen. Alle diese mit Schälchen versehenen Steine werden heute **Schalensteine** genannt – z.B. HOHENWESTEDT; beim Germanengrab in ITZEHOE. Interessanterweise gibt es für einige der mit Schälchen versehenen Hünengrab-Decksteine ebenfalls eine profane Auslegung: sie hätten Flurkarten oder gar Gestirnskarten sein sollen ... z.B. BUHNSOH bei Albersdorf/Dithm.

Die Holsteiner Kammer von Bunsoh/Dithm. wurde zuunterst in einem später überhöhten Grabhügel mit einer bronzezeitlichen Bestattung gefunden und freigelegt. Der vordere Deckstein ist reich mit kultischen Schälchen und Zeichen bedeckt, die z. T. eine besondere Bedeutung gehabt haben könnten.

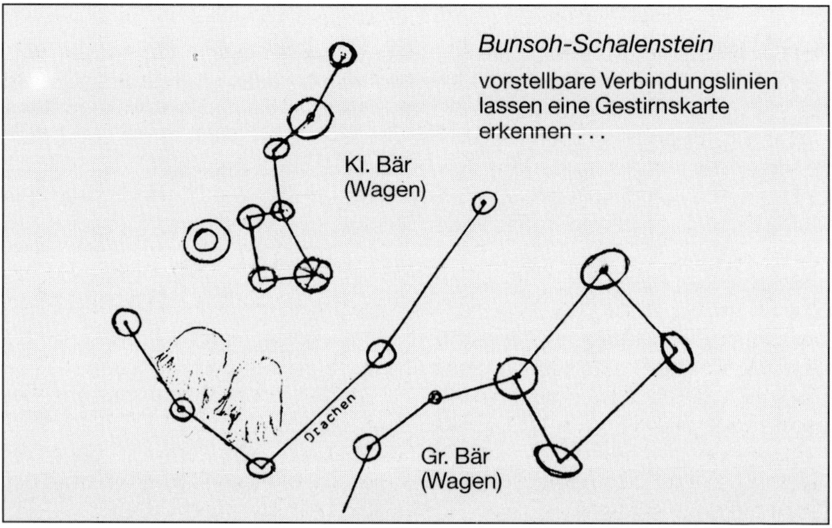

Des weiteren gibt es Funde, die darauf deuten, daß die Bestattung von Toten während der Ganggrabzeit nicht nur allgemein zeremoniell vor sich ging, wie man es ebenfalls auf ‚Friedhöfen' mit einfachen Erdbestattungen feststellen konnte, sondern hier und da vielleicht sogar als imposante Feier, als großartige Kulthandlung aufgezogen worden war. Es wurden nämlich Überreste von vorsätzlich abgebrannten sogenannten **Totenfeierhäusern** entdeckt: einfache Pfostenbauten mit einer teils steinverkleideten Grube im Boden, in denen intakte oder zerbrochene (zeremoniell getötete) Tongefäße lagen ...
Es wurden noch andere Anzeichen von etwaigen Kulthäusern gefunden: einzelne der später im gesamten nordischen Raum gebräuchlich gewordenen rechteckigen Pfostenbauten, deren Wände mit Lehm verputztes Flechtwerk war. In südlicheren Gegenden dienten sie schon als Wohnhaus, während bei uns noch Schilfrundhütten üblich waren. Was diesen zunächst vereinzelten Langhäusern kultischen Anstrich gibt, ist die Tatsache, daß sie in viele einzelne Räume unterteilt waren, die alle Zugang von außen hatten. Des weiteren befand sich in der Mitte so eines Hauses jeweils eine Grube mit einem Tongefäß und einem aufrecht hingestellten Beil, eine Art Zeremonialopfergrube, wie sie z.B. in der Bretagne auch am Fuß von geheiligten Denkmalsteinen (Menhiren) gefunden wurde.
Beile und Beilklingen, das wichtigste Werkzeug im Megalithikum, sind ebenfalls in den Gräbern immer wieder unter den Beigaben gefunden worden und teilweise so schön gearbeitet gewesen, daß sie sicherlich niemals zum handwerklichen Gebrauch, sondern speziell als Grabbeigabe gefertigt worden waren. Auch gab es bernsteinerne Halskettenanhänger, Amulette, in Beilform. Manche Forscher wollen darin symbolischen Charakter sehen und sprechen von der möglichen Verehrung eines ‚Beilgottes'. Vielleicht pflegte man schon damals einen ‚Beilkult' wie er sich sogar bis ins 20. Jahrhundert gehalten hat: das Beil als Sinnbild für den Wettergott ... unter der Hausschwelle vergraben schützt es vor Blitzeinschlag und – vor Hexen.

Eine neue Zeit bahnt sich an

Kaum hatte die Großsteingräberzeit mit dem Ganggrab und anscheinend bereits recht komplexen Ritualen ihren Höhepunkt erreicht, da schritt sie auch schon ihrem Ende zu – aus sich selber heraus wie ebenfalls durch Einfluß von außen (ab etwa 2800 v. Chr.).
Auffallende handwerkliche Perfektion läßt vermuten, daß die mittlerweile ständig gewachsene Bevölkerung nicht mehr rein bäuerlicher Art gewesen sein konnte. Bemerkenswert ist im besonderen die zwischenzeitliche Weiterentwicklung der typischen Trichterbecherkeramik. Sie war mit Kugel- und Kragenflaschen, Ösenkruken und Schalen bald so formschön gearbeitet, gekonnt mit Schnur- und Tiefstichmustern vor dem Brennen versehen und hin-

terher hochpoliert worden, daß sogar von speziell **Nordischer Töpferkunst** gesprochen wird. Auch die Steinwerkzeuge, vor allem die Feuersteinklingen, zeigen höchste Verfeinerung. Interessant ist der spätere Versuch, die ersten aus Kupfer importierten Klingen in Stein nachzuarbeiten, der ja haltbarer als dieses weiche Metall war, das es ohnehin bei uns nicht gab. Solche ersten Metallgeräte sowie auch z.B. eine kupferne Schmuckplatte aus einem einfachen Erdgrab vom Beginn des 3. Jahrtausends v. Chr. mußten durch Handel in den Norden gekommen sein. Hier gefundene Grünsteinklingen aus dem Dolorit der Bretagne und das Auftauchen unserer Kragenflaschen dort zeigen zumindest den Warenaustausch zwischen diesen beiden Gebieten. Der weite Handel mit Bernstein steht auf einem anderen Blatt. Ketten und Anhänger aus diesem ‚Gold des Nordens' wurden nah und fern gefunden.
Es muß also damals schon richtige Handwerker, Meister ihres Fachs mit kleinen ‚Betrieben', gegeben haben. Dabei drängt sich die Frage auf, ob es bereits eine konkrete Führung der Gesellschaft gab. Waren immer noch die Alten und Weisen die Oberhäupter einer Familie oder Siedlergemeinschaft oder waren es inzwischen die Tüchtigsten, die den größten Bauernhof hatten und zu organisieren verstanden? Man weiß es nicht. Die Grabbeigaben lassen keinen Standesunterschied erkennen; die vereinzelt aufgetretenen Totenfeierhäuser nähren jedoch einen Verdacht und lassen außerdem vermuten, daß das zunehmend kompliziertere kultische Leben Hüter und Wächter bekommen haben muß.
Gerade diese ‚Kultbewahrer' mögen nun mit Besorgnis Berichte aus fernen Landen gehört haben, während die jungen Leute sicherlich mit neidischen Augen auf eine ganz besondere Art der Axt blickten, die jemand aus dem Süden mitgebracht hatte: eine Doppelaxt, die einem Boot ähnelte und in ihrer neuesten Art nicht in Schneiden an jeder Seite auslief, sondern die eine Seite als abgerundete Hammerfläche gestaltet hatte. Diese doppelte Verwendungsmöglichkeit reizte alle, und die Steinmeister machten sich gar bald daran, auch solche Äxte herzustellen. Zuerst waren es genaue Kopien, dann kamen eigene Ideen für Verbesserungen oder Verschönerungen hinzu. Schließlich wollte jeder so ein hervorragendes Werkzeug besitzen, und wenn er gestorben war, wurde es ihm mit ins Grab gelegt. Aus den Grabfunden dieser Zeit wissen wir heute, daß diese Art der Axt für etwa 400 Jahre lang das wichtigste Werkzeug der damaligen Steinzeitmenschen in unserem Norden gewesen war.
Des weiteren sind da die Gräber als solche, die ebenfalls teilweise anders waren als bisher und ebenso auf eine veränderte Lebensform eines Teils der Bevölkerung wie auf ihre Kunde vom Leben anderer Menschen im südlich angrenzenden Gebiet zurückzuführen sind. Es waren Einzelgräber, meistens mit Holzbohlen ausgelegte und überdeckte Gruben, mit einem flachen Erdhügel sowie einem einfachen Steinkreis am Fuß. Die herkömmlichen Groß-

stein-Familiengrabkammern wurden weiterhin belegt, doch diese neue Art fiel auf, und daraus ergab sich die allgemeine Einstufung der Zeitspanne von 2800–2400 v. Chr. als **Einzelgrabperiode**. Das klingt friedlich und ist wohl auch eine weiterhin friedvolle Zeit gewesen.
Bei uns in Schleswig-Holstein waren allerdings die ersten Funde dieser ‚Zeit im Umbruch' mehr als frappierend: da wurden in Großsteingräbern Skelette mit gespaltenen Schädeln gefunden und/oder mit fremdartigen Pfeil- und Lanzenspitzen in den Knochen, was unmißverständlich auf kämpferisch aufgetretene Fremde schließen läßt. Deren eigenen Toten war jene bei uns zunächst noch unbekannte bootförmige Doppelaxt beigegeben, der man daher die Bezeichnung ‚Streitaxt' gab und die Fremden somit **Streitaxtleute** nannte. Es entsprach durchaus ihrem wenig friedlichen Auftauchen bei uns und führte hier speziell zu der Bezeichnung *Streitaxtperiode*.
Durch ihre schön geschweiften und mit gezwirbelten Schnurabdrücken versehenen Tongefäße, die der Toten Wegzehrung enthielten, kam außerdem der Name *Schnurkeramiker* zustande. Alle Indizien zusammen zeigten den Forschern wiederum die Herkunft dieser abermals neuen Menschen bei uns. In mehreren Wellen waren sie aus dem Schwarzmeergebiet nach Mitteleuropa eingebrochen und dann im südlichen Randgebiet unseres Nordens aufgetaucht: halbnomadisierende Viehzüchter, denen Streitaxt schwingende Reiterscharen mit zweirädrigen Kampfwagen voraustrabten, um neues Weideland abzustecken. Sprachlich zählten sie zu den Indogermanen, die sich damals – vertraut mit Handel und Wandel – Europa eroberten, doch damit auch letztlich untergingen; ihre Sprache existiert nicht mehr. Überall vermischten sie sich gebend und nehmend (aufzwingend und sich-aneignend), und es kam zu neuen Sprachen und zu neuen Volksgruppen – so auch in unserem Norden.
Hier in Schleswig-Holstein scheinen ihnen anfänglich die wenig fruchtbaren Geestgebiete als Weiden für ihre Herden ausgereicht zu haben. Dann wandten sie sich ebenfalls dem Ackerbau zu und machten wohl den Bauern das fette Marschland streitig. Schutzsuchend floh man in Dörfer und befestigte sie mit Palisadenzäunen. Es ist allerdings bisher nur eine einzige Anlage solcher Art gefunden worden (Büdelsdorf b. Rendsburg); sie wird konservativ auf 2300 v. Chr. datiert, dürfte aber gemäß der neuen Datierung an die 500 Jahre älter sein. So oder so soll es sich um das früheste nachgewiesene Dorf Norddeutschlands handeln.
Eingesessene und Fremde haben sich dann aber wohl bald arrangiert, denn der Ackerbau muß den Neuen nicht gefallen haben, und sie beließen es weiterhin bei Viehzucht in den Geestgebieten – letztlich fast auf der gesamten Kimbrischen Halbinsel. Trotzdem scheinen sie sich überlegen gefühlt zu haben, eine Vermutung, die einige Forscher wiederum bei ihren Toten sehen, die sie nämlich hier und da in Grenzgegenden – in Mißachtung der einheimi-

schen Bevölkerung – in deren Grabhügeln und/oder Großsteingräbern bestatteten. Die weitere Annahme jedoch, daß sie sich über den ganzen Raum der westlichen Ostsee ausdehnten, weil man hin und wieder ihre Art der Einzelgräber und überall ihre Streitäxte fand, ist nach neueren Forschungsergebnissen und Überlegungen – wie vorne aufgezeigt – nicht mehr haltbar. Vor allem die den ersten Gruppen folgenden scheinen im Norddeutschen Raum südlich der Kimbrischen Halbinsel verblieben zu sein.
Ansonsten muß auch noch Kunde von weiter entfernt und über andersartige Großsteingrabstätten als bisher in die Kernregion der hiesigen Megalithiker gedrungen sein: wiederum aus der Bretagne und zunächst nach Nordjütland, aber dann ebenfalls aus Ostholstein nach Seeland. Von dort beherrschten diese daraus entwickelten Kistenkammern allerdings nur die dänische Region und werden mit als Teil der Anstrengungen betrachtet, die das konservative Ganggrabvolk unternahm, um trotz all der neuen Strömungen und fremden Einflüsse von außen seine herkömmliche Welt zu behaupten.

Aufbegehren der alten Volksseele

Es ging nämlich auch um den Glauben, um ihren Glauben an die große unbekannte Naturkraft, an die Wiedergeburt. Bisher hatten sie dem immer noch kein Gesicht zu verleihen vermocht, weil sie immer noch nicht wußten, wer dahinterstand. Doch als noch vor den neuen Menschen in ihrem Randgebiet die Kunde von deren Glauben an über allem stehende Himmelsmächte unseren Norden erreichte, da scheint die innere Not so groß und auch stark gewesen zu sein, daß es wie eine Erleuchtung über sie kam: es war nicht lediglich die Erde, das Erdreich, es war die *Mutter Erde*, in der die Kraft für alles Werden, Wachsen, Vergehen und Wiederkehren lag, und plötzlich war auch das Sinnbild gefunden! Ob dabei die oft unterstellte ‚mystische Verbundenheit' aller Megalithiker untereinander mitwirkte oder tatsächliche Kontakte mit der Ferne Pate standen, ist nicht zu sagen.
Wir sprechen heute vom *Eulengesicht*, das am Anfang dieser ‚Zeit im Umbruch' unvermittelt an der sonst nur geometrisch verzierten Keramik der Ganggrabzeit nun auf Seeland zuerst erschienen war: jene von Strahlen umgebenen Augen, die auch bei den Megalithkulturen im Mittelmeerraum als Symbol einer Erd- bzw. Totengöttin aufgetreten sind. Sie wird dort als ‚Große Erdmutter' bezeichnet und als Fruchtbarkeitsgöttin betrachtet, die gleichermaßen über die Seelen der Toten wachte und einer gleichen Gedankenwelt wie der unserer Megalithiker entsprungen zu sein scheint.
In diese Augen am Rand eines heiligen Gefäßes mögen die Alten und die Wächter über den Kult bei Zeremonien beschwörend geblickt haben. Bei ihren Versammlungen mögen sie aber zu Diskussionen gekommen sein und beraten haben, wie man dennoch Altes mit dem Neuen verquicken könne.

Kleine Steinkiste mit Bannkreis und Wächterstein – eine anschaulich restaurierte Anlage auf dem Kummerhy in Süderbrarup/Angeln.

Eines schien allerdings festzustehen: der geachtete Tote mußte sein steinernes Haus für das ewige Leben im Schoß der Mutter Erde behalten; nur brauchte es ja nicht so groß und auch nicht aus so äußerst wuchtigen Steinen zu sein. Sollten die jungen Leute mit jener Art **Steinkisten** beginnen, von denen man auch schon gehört hatte (z.B. KUPFERMÜHLE bei Flensburg, im Garten vom KEITUM-Museum/Sylt). Sie waren langrechteckig aus kleinen Großsteinen, Öffnung an einer Schmalseite für Nachbestattungen und mit flacheren Steinen oder gar Steinplatten überdeckt; natürlich von einem Erdhügel überwölbt und einem heiligen Bannkreis umgeben, was die Fremden interessanterweise ebenfalls machten. – So könnte es zu dem Nebeneinander von nach wie vor belegten Ganggräbern und Steinkisten sowie den Einzelgräbern mit Holzbohlen gekommen sein.
Dennoch scheinen die eigentlichen Streitaxtleute und alle, die bei uns im Norden ihre Art der Einzelgrabstätten anlegten, irgendwie vom symbolischen Gehalt des Steins beeindruckt gewesen zu sein. Sie begannen nun nämlich,

ihre Gruben mit Rollsteinen auszulegen, die Zwischenräume von der Grube zu den Holzbohlen ebenfalls damit auszufüllen und auch die Abdachung erst mit Rollsteinen zu überwölben, bevor der flache Erdhügel darüber gehäuft wurde. Wir nennen das heute **Steinpackung**; sie sollte sich bis in die Bronzezeit halten und auch die zwischenzeitlich üblich gewordenen Baumstammsärge umgeben.

Ein sehr gutes und zugleich außergewöhnliches Beispiel gibt es etwa 25 km nördlich der Grenze bei Flensburg, am Dorfrand von HJORDKAER westlich von Apenrade. Der Hügel von 26 m im Durchmesser wurde abgetragen und brachte außer dem Holzbohlengrab mit Leichenresten und Steinpackung einen Steinkreis von 10 m im Durchmesser zutage, von dem fünf Linien aus gleichartigen kleineren Steinen zum Grab hinführen (oder umgekehrt). Es sieht aus wie ein Rad mit Speichen, und da man bisher keine Erklärung dafür hat, wurde die Anlage kurz **Radgrab** genannt. Auf der anderen Seite drängt sich eine Verbindung mit der Sonnenscheibe und deren eingearbeitetem

Freigelegtes Radgrab bei Hjordkaer/Nordschleswig.
Im Hintergrund ist ein flacher Rollsteinhügel zu sehen.

Strahlenkreuz auf, das in der Ornamentik während der folgenden Bronzezeit sehr deutlich den Sieg des Glaubens an Himmelsgötter zeigt, dem die neuen Menschen im Randgebiet unserer Megalithkultur zugetan waren.
Es dürfte aber weniger die Religion als mehr der neue Werkstoff, das Metall, Unruhe gestiftet und der Steinzeit den tödlichen Dolchstoß zugefügt haben. Noch allerdings, um die Mitte des 3. Jahrtausends v. Chr., sahen sich die Megalithiker durchaus nicht geschlagen. Die Händler aus dem Süden zeigten zwar immer wieder manche Gebrauchgegenstände aus dem künstlichen Werkstoff –, doch brauchte man sie wirklich? Hier war das Land der Steine, und gerade das Arbeiten mit dem heimischen Feuerstein hatte eine alte und hochgeschätzte Tradition ... Sollte man da nicht genau solche Dolche herstellen können, wie der Süden sie aus Kupfer goß und manch einer hier darauf erpicht war? Außerdem war der Stein viel widerstandsfähiger als das doch recht weiche Kupfer.
Es mag ebenso Abwehr wie Ehrgeiz gewesen sein, der nun die Steinmeister anspornte und sie die **Nordische Flintbearbeitung** zu ihrem Glanz- und Höhepunkt brachten: sie kopierten Metallgerätschaften in Feuerstein! In den verschiedenen Museen kann man Exemplare dieser Meisterwerke bewundern, die ebenfalls wiederum eine Zeitspanne von rund 400 Jahren beherrschten (ab 2400 v. Chr.). Dolche sind am häufigsten, da es sich meistens um Grabfunde handelt und man sich nun damals statt mit der Streitaxt mit seinem Flintdolch begraben ließ. Unter diesen ragen noch wieder die fischschwanzförmigen Dolche besonders hervor und machen deutlich, warum auch von einer ‚Flintblatt-Verarbeitungskunst' gesprochen wird.
Aber das Rad der Zeit drehte sich weiter. Es war dieses die endgültig letzte Phase des Megalithikums, die als **Dolchzeit** in die nordische Vorgeschichte einging. Erst das mit Zinn verhärtete Kupfer, die Bronze, ließ die Flintmeister aufgeben bzw. zu Bronzeschmieden umsatteln – das Leben ging weiter. Und so war es auch allgemein gewesen, bei den Großsteingrab-Bauern und den Einzelgrab-Viehzüchtern: jeder lebte seine Lebensart weiter; die einen mehr in sich gekehrt, der Scholle zugewandt, die anderen weltoffener, zur Sonne aufblickend und damit der dominierende Faktor hier in dieser Zeit des Umbruchs.
Wenn letzten Endes auch ihr Glaube an die strahlenden Himmelsgottheiten den Sieg über die erdgebundene Mystik davontrug, dann nicht ohne Zugeständnisse an den alten Steinkult der Megalithiker – wie es die Steinpackungen bei ihren Grabanlagen schon zeigten; dafür lebten sie zu lange nebeneinander. Und auch nicht ohne Einverständnis der Megalithiker, worin der Erfolg in dem nun folgenden Miteinander gesehen werden muß. Vielleicht fühlten sich diese sowieso eher dem Geist der Zeit als den Fremden in ihren Randgebieten erlegen ...

Stille Übereinkunft

Leider haben wir in unserem unmittelbaren Raum kein Beispiel aufzuweisen, aber in Südengland, das ohnehin ein Ableger unseres nordischen Megalithkreises ist und wo ebenfalls Einzelgrableute aufgetaucht waren. Das dortige Großsteingrab WEST-KENNET (an der A 4 in der Avebury Region/Wiltshire) dürfte die gleichen letzten Entwicklungen sehr deutlich zeigen.
Es ist ein Ganggrab mit mehreren Kammern, das über 1000 Jahre lang benutzt worden war, doch dann offensichtlich zeremoniell ein für allemal geschlossen wurde: der ovale Vorhof beim Eingang erhielt vorne einen geraden Abschluß aus großen Steinplatten, und der langrechteckige Hügel wurde entsprechend darüber hinaus verlängert, nachdem der Vorhof und die Kammern mit Erdreich, Schutt und Scherben von 250 Tongefäßen aufgefüllt worden waren. Letzterem muß eine unserem Polterabend ähnliche Zeremonie voraufgegangen sein.
Stilkunde konnte die zerbrochenen Tongefäße in den gesamten Zeitraum der Benutzung des Grabes datieren. Eine solche Vielzahl dürfte aber nicht in den Kammern gestanden haben, sondern muß woanders – im Vorhof oder in einem auf dem nahen OVERTON-Hügel nachgewiesenen Kulthaus – im Laufe der Zeit zusammengekommen sein. Vielleicht hatte man dort den Toten immer wieder neue Trank- und Speiseopfer dargebracht. Auch dieses Kulthaus, von dem ebenso wie von zwei Vorgängerhütten Pfostenspuren gefunden wurden, scheint gleichzeitig demoliert zu sein.
Wann und von wem allerdings dann an der gleichen Stelle zwei ineinanderliegende Kreise aus aufrechten Steinen errichtet wurden, die in der Überlieferung ‚Sonnenkreise' genannt werden, ist eine offene Frage. Sie dürften aber gut ins Bild passen, wenn man sich vorstellt, daß es beide taten: die bereits der Sonne huldigenden Einzelgrableute und die sich von ihrem Glauben an die Mutter Erde trennenden Megalithiker; daß sie zusammen aus dem ihnen beiden bekannten (symbolträchtigen) Steinkreis als Abgrenzung einer geheiligten Stätte der Toten nun einen geheiligten Ort für die Lebenden zur gemeinsamen Verehrung des großen Himmelsgestirns schufen.
Manche Wissenschaftler möchten das Zusammentreffen dieser beiden Glaubensrichtungen in dem späteren nordischen Mythos vom Kampf der Göttergeschlechter, der Wanen und der Asen, wiedererkennen. Die Wanen, das wären die Erdmutter, die Toten- und Fruchtbarkeitsgottheiten der Megalithiker; die Asen wären keine anderen als die Himmelsgötter der Streitäxtler und sonstiger Einzelgrableute. Ihr Sieg war auch mehr eine Übereinkunft: die Wanen wurden als Beschützer der Wälder und Felder in den Kreis der Asen aufgenommen.
Im Hinblick darauf sind die Megalithiker und Einzelgrableute als Grundstoff zu dem Teig anzusehen, aus dem die Germanen hervorgingen.

III. Metalle verändern das Leben

Es waren die **Glockenbecherleute** vom Südosten der Iberischen Halbinsel, die allem Anschein nach auch in unserem nordischen Raum die wahre Kunst der Metallverarbeitung einführten und damit ebenso der Steinzeit ein Ende bereiteten wie daß sie der folgenden Periode kunsthandwerklich zu einem außergewöhnlichen Höhepunkt verhalfen.
Völkerkundlich gesehen waren sie den Berbern Nordafrikas verwandte Iberer. Dem schon vorhandenen Volksgemisch im Raum der westlichen Ostsee aus Urbevölkerung/Trichterbecherleuten und Schnurkeramikern/Streitäxtlern sollten sie eine gewisse Würze beisteuern. Da in der Zukunft keine neuen Einwanderer in unseren Norden kamen, wird nach ihrer Integration ab etwa 1600 v. Chr. von Ur-Germanen gesprochen und diese als die Träger der **Nordischen Bronzekultur** angesehen.
Ein Einfluß der Glockenbecherleute war bereits durch die Flintdolche zu spüren. Persönlich traten einige ihrer sich dann über weite Teile Europas ausbreitenden Volksgruppen bei uns erst um etwa 1800 v. Chr. auf. Augenfällige Kennzeichen bescherten wiederum ihre Gräber, Steinrahmengräber, und den Toten waren glockenförmige Tonbecher mitgegeben. Ansonsten führten sie überall verbesserte Ackerbaumethoden ein und verbreiteten ihre Erfahrung in der Verarbeitung von Kupfer.

„Kocht des Kupfers Brei – schnell das Zinn herbei"

Die epochemachende Erfindung war die Legierung von Kupfer mit Zinn (im Verhältnis 9:1); denn Kupfer alleine ist zu weich – wie auch Gold kann es kalt gehämmert werden. Die Entdeckung von Metallen und die Erkenntnis ihrer Überlegenheit für Werkzeuge und Waffen im Vergleich zum Stein war zunächst im Orient vor sich gegangen. Die Suche nach Rohmaterial führte von dort über das Mittelmeer und fand gerade in Andalusien reiche Quellen. Bald hatte sich auch da ein Metallverarbeitungszentrum entwickelt und wurde zur Wiege der westeuropäischen Bronzezeit.
Es war natürlich nicht so, daß nun mit einem Mal alles Mögliche aus dem neuen Werkstoff hergestellt wurde. Vor allem mußte ja bei uns im nordischen Flachland der Rohstoff importiert werden: Bronze oder lediglich Kupfer vom Alpengebiet und Zinn aus England, ferner Gold aus Irland. Zum anderen mußte auch ein Markt vorhanden sein, denn vielen Bauern genügten ihre Gerätschaften aus Stein, Holz und Ton. Nachweislich sind tatsächlich die hervorragenden Feuersteinpfeilspitzen durch die ganze Bronzezeit weiterhin verwendet worden.
Die Handwerker scheint aber das neue Material gereizt zu haben. Es bot so viel mehr Möglichkeiten als der Stein, und mehr noch, es ließ sich wiederver-

wenden, umschmelzen, falls es abgenutzt war oder doch nicht gefiel. So bildete sich mit Schmieden, Schmelzern und Gießern auch eine neue Gewerbegruppe heraus. Ohne Frage förderte diese Entwicklung das mittlerweile für einen Teil der Bevölkerung üblich gewordene Leben in dörflichen Gemeinschaften und führte allgemein zum Streben nach Besitz und Ansehen des einzelnen.

Gerade die ältere Bronzezeit (1800–1000 v. Chr.), in die die Blüte der nordischen **Bronzekunst** fällt, war eine ausgesprochene Schönwetterperiode. Die Eiche wurde damals heimisch in unserem Norden; auch die Bevölkerung nahm weiterhin zu. Es war wärmer als heute, so daß die Menschen unbeschwert leben konnten, fröhlich waren und Freude am Schönen hatten. So muß es vor allem den Bronzeschmieden gegangen sein, deren innere Ausgeglichenheit sich in ihren Produkten spiegelt. Man sieht in ihrem Können und Formgefühl eine Fortführung der schon früh aufgetretenen handwerklichen Tradition unseres Nordens – erst Töpferkunst, dann Steinbearbeitung und nun die Bronze als Werkstoff und Fläche für Ornamente, die wiederum ebenfalls unverkennbare nordische Züge erhielten und mit dazu beitrugen, daß nordische Bronzewaren zu begehrten Handelsartikeln wurden.

In den entsprechenden Museen gibt es eine Fülle von Beispielen an Ketten, Hals- und Armreifen, Spangen und Nadeln, Gefäßen, Werkzeugen, Waffen (allmählich traten auch Schwerter auf) und Kultgegenständen. Sie stammen aus Gräbern, doch mehr noch aus Hortgruben sowie von nun deutlich erkennbaren Opferplätzen. Grafiken veranschaulichen meistens die verschiedenen Techniken bei der Herstellung und den Verzierungsmöglichkeiten. Für die zeitliche Einordnung kann man sich merken, daß die berühmte Spirale als ein nordisiertes importiertes Schmuckmotiv absolut die Glanzzeit von 1500–1200 v. Chr. beherrschte, dann aber in den Hintergrund trat; wahrscheinlich, weil sie in sich gebunden ist und keine Möglichkeit für eine Weiterentwicklung gewährt. Man kehrte statt dessen zu Linien und Strichen zurück, die sich als Zickzack, Dreiecke und Bögen unendlich variieren ließen (1200–900 v. Chr.). In der Spätzeit dominierten Mäander und Wellenbänder, ausgeführt in Punkt- und Rippentechnik.

Besonders anschaulich sind in einigen Museen auch menschengroße Puppen in der Kleidung der Bronzezeit! Erstmals traten nämlich Überreste davon in Gräbern auf, so daß man sie nacharbeiten konnte. Sehr interessant mag dabei ein luftiger kurzer Mädchenrock sein, der aus einzelnen geflochtenen Bindfäden besteht; sie hängen lose herab und sind nur in der Taille sowie unten am Saum durch eine feste Schnur verbindend aneinandergeknüpft. Frauen trugen lange weite Röcke mit einem kunstvoll gewebten Gürtelband. Männer umwickelten ihre bloßen Beine in der kalten Jahreszeit mit Wollstoffstreifen; lange Hosen gab es damals noch nicht. Umhänge dienten allen als Mäntel.

Baumstammsarg in Rollsteinpackung am ‚Archäologischen Wanderpfad' in der Fischbeker Heide bei Harburg.

Neue Begräbnisarten

Was die Grabanlagen der Bronzezeit anbetrifft, so ist zunächst keine Einheitlichkeit festzustellen. Die großen Ganggräber erhielten nur noch hier und da ‚Fremdbestattungen' vorne in den Gängen oder unter einem der Decksteine – jeweils im Erdreich, mit dem sie einst aufgefüllt worden waren. Die Steinkisten wurden immer kleiner, daß sie nur noch einen Toten und den in Hockerstellung aufnehmen konnten – z.B. SÜDERBRARUP, Angeln. Dann aber setzte sich nach und nach die Bestattung im **Baumstammsarg** durch – aus ihnen stammen die erhalten gebliebenen Kleidungsreste. Es waren meist Eichenstämme, halbiert und ausgehöhlt, obererdig auf eine Steinpflasterung gesetzt und von einer Rollsteinpackung umgeben – z.B. ‚Archäologischer Wanderpfad' in der FISCHBEKER HEIDE bei Harburg.
Natürlich fehlte der Hügel mit seinem Bannkreis nicht. Aber schon gegen Ende der Jungsteinzeit waren auch die Megalithiker dazu übergegangen, keine Nachbestattungen mehr in den vorhandenen Steinkisten zu machen, sondern wie die Einzelgrableute im vorhandenen Grabhügel, der dann wieder neu überwölbt und dadurch immer höher ward. Da durchaus angenommen

Begräbnisarten in der Bronzezeit

einfaches Erdgrab

Steinkistengrab mit Rollsteinhügel
(teilweise zusätzlich mit Erdhügel)

Steinkistengrab mit
Nachbestattungen im Erdhügel

Urne

Totenfeierhaus
mit Baumstammsarg

„Geschlechterhügel“

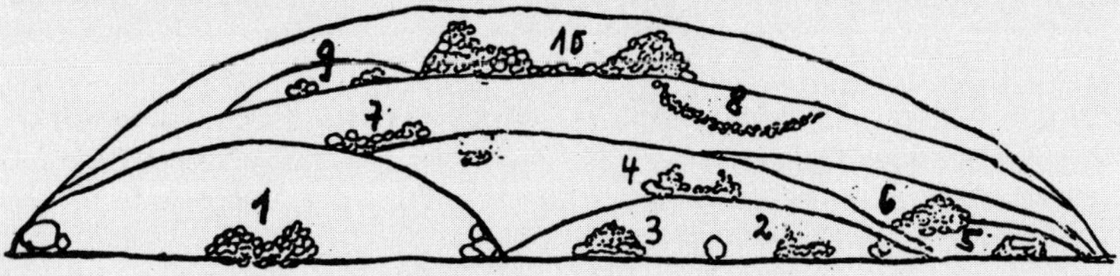

Querschnitt durch das „Germanengrab“,
ein Geschlechterhügel mit 10 Gräbern

werden kann, daß es Mitglieder der gleichen Familie waren, die dort Bestattung fanden, hat sich die Bezeichnung **Geschlechterhügel** eingebürgert. Sie fallen durch ihre Größe auf und können als äußeres Merkmal der Bronzezeit gelten – z.B. an der Stichstraße nach Hohwacht bei LÜTJENBURG, Kr. Plön. Sie kommen ebenfalls in Gruppen vor – z.B. bei DAZENDORF nahe Heiligenhafen/Ostholstein. Der Gedanke, daß sie eine Fortführung der Großsteinsippengräber sein könnten, drängt sich auf.
In Itzehoe wurde einer dieser großen Hügel – im Volksmund ‚Germanengrab' genannt – abgetragen: er hatte zehn Baumstammbegräbnisse. Die Steinpackungen der unteren drei sind heute zu besichtigen – von einem Männergrab und daneben die beiden von einer Frau und von einem Kind; eine Grafik bringt einen Querschnitt durch den Hügel. Darüber wölbt sich jetzt eine hohe Kuppel; von außen ist sie zur ehemaligen Höhe des Hügels mit Erde bedeckt und baumbestanden.

Deutliches Kultgebaren

Alten Sagen und einer Chronik aus dem 13. Jahrhundert ging man am Waldesrand bei GRÜNHOF-TESPERHUDE zwischen Geesthacht und Lauenburg/Elbe nach, wo in einem Hügel ‚in ganz ole Tiden een groot Füer in weest is'. Die Ausgrabungen brachten eng aneinander die Steinpackungen von zwei Baumstammsärgen zum Vorschein, offensichtlich von Mutter und Kind, sowie Pfostenlöcher am Rand des Bodenbelags, die auf ein über den Särgen erstelltes **Totenfeierhaus** schließen lassen (aus der Zeit um 1100 v. Chr.). Alles scheint dann wohl in einer so imposanten Zeremonie abgebrannt worden zu sein, daß noch lange nachdem der Hügel über der glühenden Asche aufgeschüttet war und immer wieder von dem großen Feuer darin gesprochen wurde.
Wenn die Toten im besonderen nun in der reichen Bronzezeit nicht mit Reichtümern, sondern lediglich mit einer Waffe oder einem Schmuckstück bestattet wurden, dann lag es an dem inzwischen veränderten Glaubensschwerpunkt. Mit den Himmelsmächten im Vordergrund traten Gräber als Kultstätten zurück, und es wurden andere Plätze und neue Rituale zur Huldigung der Naturkräfte gefunden. Am Anfang ihrer Personifizierung hatte die *Mutter Erde* gestanden; jetzt war man vertrauter mit ihnen und brachte persönliche Geschenke – für uns sichtbar geworden als sogenannte **Opfer- oder Weihefunde**, die an salzhaltigen Quellen oder am Rand von Mooren entdeckt wurden. Dort scheinen sie zeremoniell den Göttern geweiht und niedergelegt zu sein: eigene Schmuckstücke, speziell als Opfergabe angefertigte Prunkschwerter und Goldschalen sowie offensichtlich von weither erworbene Kostbarkeiten. Ferner kamen Kultgegenstände zutage wie Räuchergefäße, Zeremonialbecher, kleine Statuetten und Luren, deren mystischer Klang auch später noch stets heilige Zeremonien begleitete.

Die Bildkunst der Bauern ist stilisiert und will durch Symbole und Kultszenen, wie z. B. diesem Ritualtanz um die Sonne, Fruchtbarkeit bannen.

Zum anderen sind da die **Felszeichnungen** aus der Bronzezeit – Metallzeitkunst, die sich in Stein präsentiert und von Fruchtbarkeitskulten der Bauern erzählt. Man findet sie an Felswänden, doch meistens auf glatten, bloßliegenden Felspartien inmitten von Wiesen und Äckern; vor allem im Süden von Schweden und Norwegen, in Ostdänemark nur hier und da auf großen Findlingen und in Norddeutschland in Ermangelung des Untergrunds leider gar nicht. Nicht nur die Bildfläche, der Stein, weist auf die Wurzeln in der Vorzeit, auch die vielen ‚Schälchen', die immer wieder wahllos oder zu einzelnen Zeichnungen gehörend eingeschmirgelt wurden und zusammen mit der roten Farbe den kultischen Charakter dieser *Bauernkunst* unterstreichen.
Auf den ersten Blick zeigen Haus- und Weidetiere den bäuerlichen Aspekt – die notwendige Fruchtbarkeit des Bodens und der Tiere sollte gebannt werden. Der pflügende Bauer gilt als Leitmotiv. Menschen, Strichmännchen, sind häufiger als bei den Jägerzeichnungen und meistens verschieden groß dargestellt, worin ein Hinweis auf Rangordnung gegeben sein kann – bei der Bevölkerung und bei den Göttern. Mit unserer Kenntnis der späteren Götterwelt der Germanen dürften hier bereits Odin und Thor durch ihre Attribute,

Speer und Hammer, zu erkennen sein. Diese Ähnlichkeit bestärkt die Bezeichnung der damaligen Menschen als Ur-Germanen.
Unter den zahlreichen Symbolen ist nach wie vor der Kreis, die Linie ohne Anfang und ohne Ende; er war auch den Einzelgrableuten, jedoch als Zeichen für die Sonne, bekannt gewesen und sollte hier wohl als dieses zu verstehen sein. Die vielfach dargestellten Beile werden als ein Weiterleben des vermutlichen Beilkults der Megalithiker angesehen. Daß auch ein Schiff oder Boot tieferen Symbolgehalt hatte, kommt dem flüchtigen Betrachter nicht gleich in den Sinn. Da es nun überall das augenfälligste Motiv ist, bringt man es eher mit der Bitte um Erfolg für den derzeitigen Seehandel in Verbindung. Es ist aber auch schon bei den steinzeitlichen Jägern als Symbol aufgetreten und muß in der Vorstellungswelt der Bronzezeitmenschen ein selbstverständliches, ererbtes Sinnbild als *Schiff des Lebens* gewesen sein. Mit einem Kreis darüber dürfte es als *Schiff der Sonne* dastehen, mit dem sie tagtäglich über das Firmament gleitet. Bei den nicht mit dem Meer verwachsenen Einzelgrableuten indogermanischer Steppenherkunft fuhr die Sonne auf einem Pferdewagen über den Himmel – siehe *Sonnenwagen* aus dem Trundholm-Moor (im Nationalmuseum Kopenhagen).
Als Zugtier des Pfluges spielte das Pferd im Fruchtbarkeitskult aller indogermanischen Völkerschaften eine wichtige Rolle. So liegt auf der Hand, auch die Schiffsdarstellungen in diesem Rahmen zu sehen und sie auf den späteren Mythos um den Erdgeist und Vegetationsgott zu beziehen: jeweils im Frühling kam er mit seinem Schiff von einer Insel im Weltenmeer, um die Kraft und Fruchtbarkeit der Erde zu wecken; im Herbst fuhr er dann wieder davon, woraufhin die Pflanzen starben. Es sollen deshalb auch immer im Frühling große Feste zu seiner Ankunft abgehalten worden sein, in deren Mittelpunkt sein Symbol, das Schiff, stand: es wurde auf Rädern um die Felder gezogen, damit er den Boden segnen konnte ... Nichts anderes ist unser Karneval. Der Sinn ging verloren, doch der Vorgang ist sozusagen geblieben: mit dem ‚Schiffswagen' = *carrus navalis* (dem floßartigen Festwagen) wird indirekt der Einzug des Frühlings gefeiert.
In dem Davonfahren im Herbst liegt ein Bezug auf den Tod und die weitere traditionelle Bedeutung des Schiffes als *Fahrzeug des Todes*, mit dem die Seele des Verstorbenen auf dem Weltenmeer ins ewige Leben trieb – auch auf den Zaubertrommeln der Lappen tauchte es auf, oft doppelt gezeichnet, nämlich mit seinem Spiegelbild, das aus dem Wasser, dem Meer des Todes, heraufscheint. Ins Materielle übersetzt, traten solche **Totenschiffe** in der mittleren Bronzezeit als schiffsförmige Grabhügel mit entsprechendem Bannkreis auf und hielten sich bis ins vierte vorchristliche Jahrhundert. Heute sind sie – wie ebenfalls die späteren aus der Wikingerzeit – meist ihrer Erdaufschüttung beraubt, so daß die langoval gesetzten bloßen Steine erst recht wie Schiffe wirken und von einer ‚Schiffssetzung' gesprochen wird.

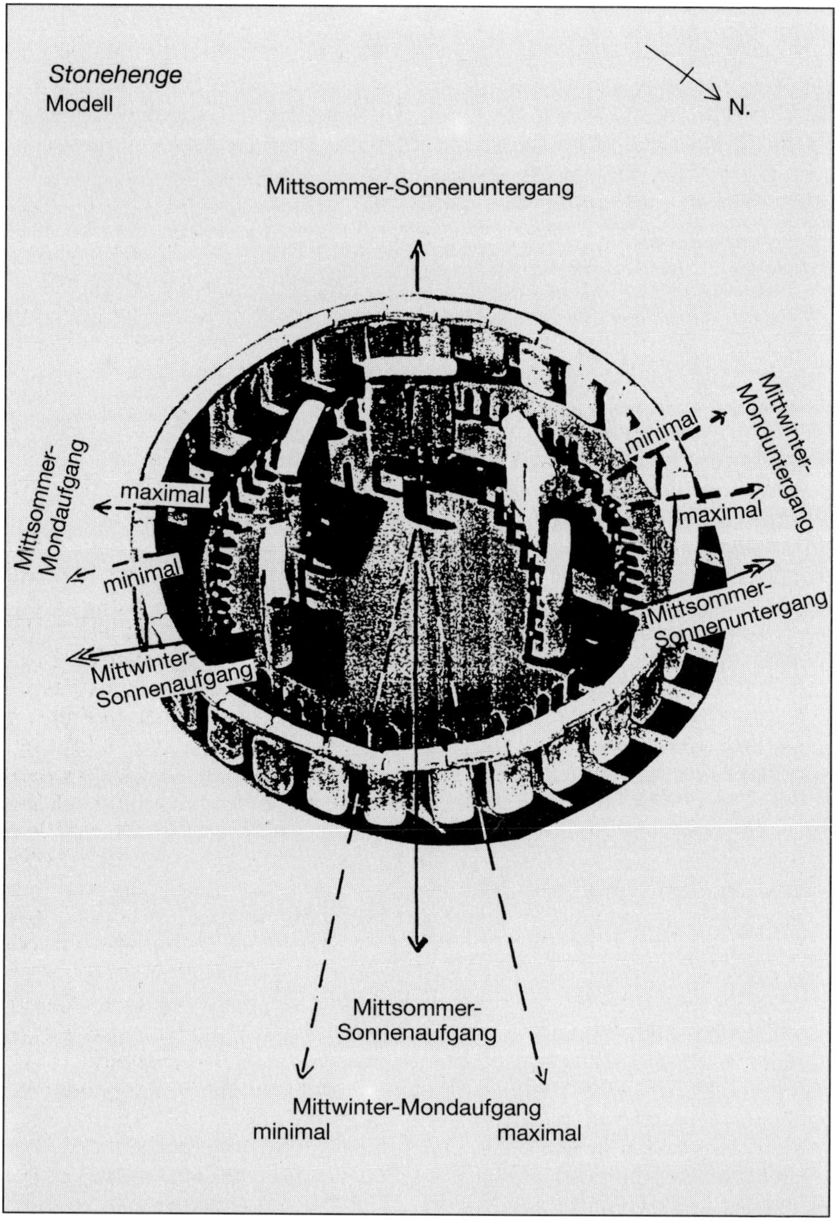

Stonehenge
Modell
N.
Mittsommer-Sonnenuntergang
Mittsommer-Mondaufgang
maximal
minimal
Mittwinter-Monduntergang
minimal
maximal
Mittsommer-Sonnenuntergang
Mittwinter-Sonnenaufgang
Mittsommer-Sonnenaufgang
Mittwinter-Mondaufgang
minimal
maximal

So lebte der alte Steinkult auf die eine oder andere Art in der Bronzezeit unseres Nordens fort. Wenn wir in Schleswig-Holstein auch nichts Konkretes davon anzusehen haben, ist doch die allgemeine Entwicklung bei uns dementsprechend gewesen. Zur mutmaßlichen Beantwortung der Frage nach einer vermeintlichen Führung der damaligen Gesellschaft müssen wir abermals nach Südengland schauen.

Höhepunkt nordischer Vorzeitkultur

In der Welt gilt **Stonehenge**, der berühmte Steinkreis auf einsamer Kalksteinhochebene in Wiltshire, als strahlender Höhepunkt der nordischen Megalithkultur – und zugleich als ihr Ende. Mag er Kultstätte und Wallfahrtsziel nahe einem Kreuzungspunkt frequentierter Fernhandelsstraßen gewesen sein oder heiliger Ort der Kalenderpriester, die hier den Lauf der Gestirne, vornehmlich Sonne und Mond, beobachteten, damit die Zeitpunkte für Aussaat und Ernte nach göttlichen Maßstäben bestimmt werden konnten. Vielleicht war er auch nur ein Denkmal, ein Abbild des Geschehens am Himmel und somit auch auf Erden; sichtbar für die große unbekannte Kraft hinter allem, der man damit sagen wollte, daß man sie erkannt habe, schätze und verehre und wünschte, daß es ewig so bliebe ... oder aber sichtbar für alle Menschen von nah und fern zum Zeichen der Macht seiner ‚Bauherren' ...
Gewiß ist nur das Vorhandensein dieses einzigartigen Monuments. Erstellt wurde es vermutlich um 1500 v. Chr. als dritte Bauphase innerhalb eines wohl um 2800 v. Chr. aufgeworfenen heiligen Ringwalles. Ab 1000 v. Chr. verlieren sich die Merkmale einer Benutzung der Stätte.
Es handelt sich um einen Steinkreis von 30 m Durchmesser, gebildet aus 30 etwa 4 m hohen Sandsteinblöcken, oben verbunden von 30 Decksteinen, die durch eingearbeitete Zapfen und Löcher gehalten wurden und leicht gebogen zubehauen waren, so daß sie einen wirklich runden Kreis bilden konnten. In diesem Kreis und aus ihm herausragend, stehen noch drei der fünf hufeisenförmig angeordneten Sandsteintore. Hinter ihnen wiederholt sich der geschlossene Kreis aus 60, vor ihnen das zum Mittsommer-Sonnenaufgangspunkt offene Hufeisen aus 19 kleineren aufrechtstehenden Basaltsteinen. Diese Ausrichtung läßt auf einen Sonnenkult schließen.
Der aus Wales stammende Basalt scheint nach neueren Forschungsergebnissen von den Gletschern in einigermaßene Nähe gebracht zu sein; die Sandsteinblöcke wurden aber vermutlich von über 30 km Entfernung aus der Avebury-Region herantransportiert – das Stück zwischen 25 und 50 Tonnen Gewicht! – Geben Sie Ihrer Phantasie Raum und malen sich aus, mit welchem Erfindungsgeist die damaligen Menschen ihre Arbeit bei der Beschaffung des Materials und der Erstellung dieses außergewöhnlichen Großsteinbauwerks zu paaren hatten!

Es liegt auf der Hand, daß so ein Unterfangen geplant und im besonderen vor allem berechnet sein mußte, dann zu organisieren und zu ‚finanzieren' war, daß ‚Bauherren' dahinterstanden, die kaum nur heilige Kultbewahrer gewesen sein können. Damit verdichten sich endgültig die Spekulationen um die weltliche **Führung der Gesellschaft**, die es nun in der Bronzezeit bestimmt schon gegeben haben muß. Es mögen einzelne Großbauern oder Großviehzüchter gewesen sein, die sich mehr Land und mehr Reichtümer als andere beschaffen konnten, zudem eine bewaffnete Gefolgschaft unterhielten und damit auch mehr Ansehen genossen; die außerdem verstanden, Handwerk und Handel zu lenken und womöglich die Fernstraßen zu kontrollieren bzw. zu schützen.
Es ist nur allzu logisch, daß dort, wo Schätze gesammelt werden (‚privat' oder in Werkstätten als Tauschwaren), auch Neid aufkommt, daß Diebstähle, Überfälle und Fehden in das vorher friedliche einfache Leben eingezogen waren. Viele der gefundenen Waffen deuten ebenso auf die Notwendigkeit der Selbstverteidigung, wie daß sie ein Prestigeabzeichen gewesen sein konnten. Fundstellen von losen Bauerndörfern dieser Zeit sind recht zahlreich; die einzelnen Anwesen weisen Zäune auf, und die umliegenden Äcker hatten deutliche Abgrenzungen. Man mußte sich behaupten. So mögen einige ihr Ansehen und die Lage genutzt haben, boten einer Gegend Schutz und Schiedssprüche in Streitigkeiten gegen Arbeitsleistung oder Abgaben von Naturalien und waren damit zu **Territorialherren** geworden. Welche von ihnen hatten mehr Initiative als andere und gebrauchten ihre Mittel für größere (sie selber ehrende) Bauvorhaben zum Allgemeinwohl wie Grenzwälle, Fluchtburgen und Kultstätten. Im Falle Stonehenge glaubt man, daß über die Jahrhunderte jeweils mindestens zwei solcher heute schon als ‚Fürsten' bezeichneten Territorialherren beteiligt gewesen waren. Der später bei den Germanen sichtbaren Gesellschaftsordnung kann dies durchaus eine Vorstufe gewesen sein.
Ihnen und ihren Familien dürften die großen Geschlechterhügel bei uns als Grabstätten gedient haben, für deren Erstellung ebenfalls organisierte Arbeit notwendig war. Bei einem dieser Hügel konnte ausgerechnet werden, daß er aus 3000 Kubikmeter Erde bestand, die einst als Grassoden von einer über 7 Hektar großen Fläche herangeholt worden waren. Dennoch blieben die Grabbeigaben spärlich, so daß in unserem Norden nicht von ‚reichbestückten Fürstengräbern' wie zu der Zeit im Süden gesprochen werden kann. Man brachte seine Schätze den Göttern dar. Gefundene Rasiermesser und Pinzetten deuten jedoch auch bei uns auf Körperpflege, Tischmesser und Löffel auf gepflegtere Eßgewohnheiten sowie Klappstühle auf eine gewisse Wohnkultur. Es wurden selbst Brettspiele entdeckt.
Dann kam um die Mitte der Bronzezeit noch wieder eine neue Art der Totenfürsorge auf, und Beigaben fielen fast völlig fort.

Brandbestattung – Urnenfelder

Leichenverbrennung war bei einer unseren Streitaxtleuten verwandten Kultur im unteren Donautal üblich geworden, und Kunde davon eilte ihren sich damals über Europa ausbreitenden Gruppen voraus. Das zeigte sich im besonderen bei uns in den derzeit aufgekommenen schiffsförmigen Grabhügeln, die hin und wieder kleine Steinkisten mit Leichenbrand enthielten. Doch erst als einige Splitterscharen von ihnen unser südliches Randgebiet erreichten und man selber sah, daß sie die Überreste ihrer verbrannten Toten in einer Urne bestatteten, griff diese einfache Sitte sehr schnell und gründlich auf unseren Norden über. Es entstanden buchstäblich riesige Urnenfelder, die dann für uns heute zu einem Kennzeichen der jüngeren Bronzezeit wurden (1000–450 v. Chr.).
Dem Auge des Beschauers sind sie natürlich nur in restauriertem Zustand durch die kleine runde Steinpflasterung auf dem Boden über der Stelle erkennbar – z.B. SODERSTORF, Nordheide; aber auch in dieser Beziehung bieten ebenfalls die Museen aufschlußreiche Darstellungen. Die zumeist schmucklosen Tonurnen wurden im Boden vielfach in ein schützendes Steinhäuschen gestellt, das hier und da wie ein Mini-Großsteingrab wirkt – z.B. ‚Archäologischer Wanderpfad' in der FISCHBEKER HEIDE bei Harburg; in den Anlagen der Universität KIEL.
Wenn man also auch bei uns dieser neuen Totenfürsorge sehr zugetan war, so wurde aber nicht unbedingt mit dem Alten gebrochen: viele Urnen fanden nämlich ebenfalls Beisetzung in den früheren Grabhügeln, den großen und auch den schiffsförmigen. Daneben gab es weiterhin die Körperbestattung, doch nun aber mehr in unauffälligen Flachgräbern.
Diese recht dynamischen und kampfesfreudigen **Urnengräberleute** hatten allgemein in Europa einige Unruhe gestiftet; zum anderen soll es ihr Verdienst gewesen sein, daß die Produktion an handwerklichen Erzeugnissen enorm in Schwung kam. Bronzegerät, Keramik sowie Goldwaren wurden geradezu in Massen hergestellt und ebenfalls in Massen vergraben – wegen der Unsicherheit; manches dürfte immer noch in seinen Verstecken schlummern. Einige Gruben wurden heutzutage zufällig entdeckt, und ihr Inhalt wanderte dann als **Hortfunde** in unsere Museen.
So mag auch eine gewisse Verängstigung dazu beigetragen haben, daß sich die weiterhin zunehmende Bevölkerung abermals mehr und mehr in Dörfern zusammenfand. In Gemeinschaft war sicherlich ebenfalls der Not besser zu begegnen, die unseren Norden bald durch eine merkliche allgemeine Schlechtwetterlage beherrschen sollte. Sie förderte gleichermaßen einen mehr regionalen Zusammenhalt, und allmählich bildeten sich jene Stammesverbände, die für uns dann in der Frühgeschichte unter dem Oberbegriff ‚Germanen' faßbar geworden sind.

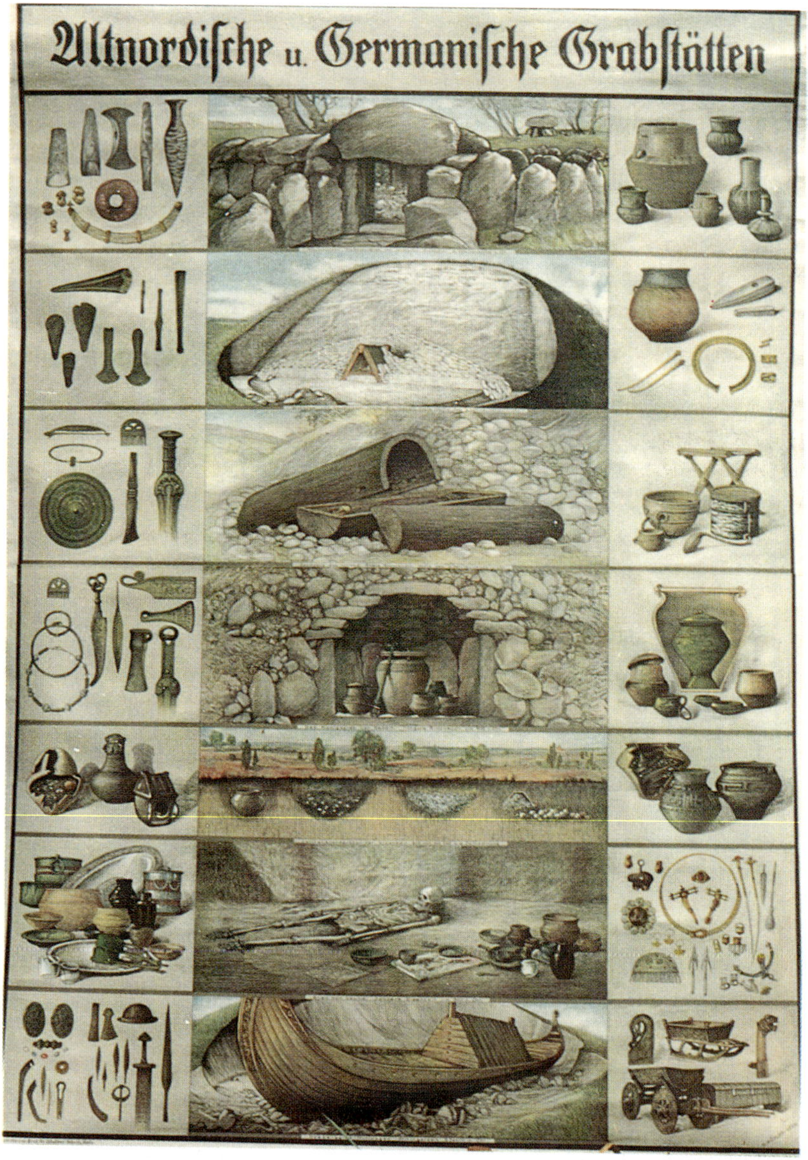

Graphische Darstellung zur Kulturentwicklung in unserem Norden.

IV. Germanen machen Geschichte

Der große Caesar hatte genial die Faustregel aufgestellt: nördlich der Alpen leben die Kelten, links vom Rhein die Gallier und rechts vom Rhein die Germanen. Dabei war es nur ein kleiner Stamm im niederrheinischen Grenzgebiet, der sich so nannte, weil die Kelten es angefangen hatten; die anderen nannten sich anders (z.B. Sachsen, Franken) und waren bestimmt niemals auf den Gedanken gekommen, zu einer Völkerschaft zu gehören, die dann als **Germanen** europäische Geschichte machen sollte.

Es muß anfänglich eine kaum merkbare Entwicklung gewesen sein, eine Landnahme, die vom heutigen Schweden und Dänemark sowie unserem Schleswig-Holstein ausging und sich in Richtung Süden und Westen erstreckte – hervorgerufen durch das schlechte Wetter bei uns. Erst einmal hatte die sonnig-milde Bronzezeit zu einer Überbevölkerung geführt und eine allmähliche Ausbreitung des nordischen Kulturkreises über die Norddeutsche Tiefebene verursacht. Um etwa 750 v. Chr. setzte aber bereits eine Klimaverschlechterung ein, die dann zu einer jahrhundertelangen Schlechtwetterperiode wurde und das gewohnte Wachstum hemmte. Die Buche trat an die Stelle der Eiche, der Weizen mußte durch Roggen ersetzt werden. Langärmelige Kleidung und auch lange Hosen für Männer wurden notwendig. Filzmützen wärmten den Kopf.

Es mögen jeweils die jungen Leute gewesen sein, die neues Siedlungsland weiter südlich suchten; denn die Insel Bornholm wurde beispielsweise bestimmt nicht menschenleer, obwohl unsere Geschichtsbücher schreiben: sie lebten nun als ‚Burgunder' in Pommern. Die Goten in Westpreußen stammten aus dem schwedischen Götaland. Noch vor Christi Geburt war der Rand der Mittelgebirge erreicht. Schlesien (Silingien) bekam seinen Namen von Neusiedlern aus Seeland (Siling), Schwaben von den Sueben aus unserem Lauenburger Raum.

Wenn auch im hiesigen Kernland das schlechte Wetter zunächst fast alle Kreativität hemmte – zu hart war der Kampf ums Dasein, so brachte es doch die Menschen einander näher und nährte ein Zusammengehörigkeitsgefühl. Vor allem bei Neulandgewinnung arbeiteten sie gemeinschaftlich und bestellten ebenso ihre Äcker gemeinsam – ab dem 2. Jahrhundert v. Chr. mit einer eisernen Pflugschar anstelle des bisherigen hölzernen Gerätes. Vereint machten sie sich wohl auch daran, den neuen Werkstoff, das Eisen, im eigenen Land zu gewinnen, um den teuren Import zu umgehen. Es wird bei uns **Raseneisenerz** genannt und tritt in Niederungen auf, wo ein hoher Grundwasserspiegel im Boden nahe der Oberfläche sogenannte Oxydationszonen bildet. Es wird ähnlich wie Torf gestochen. Dem eigentlichen Schmelzprozeß in Holzkohleöfen mußte dann allerdings noch ein ‚Rösten' in offenen Mulden vorausgehen, damit die viele Feuchtigkeit entwich.

Der vielen Luftfeuchtigkeit entfliehen zu können, mögen sich die Menschen damals bei dem ewigen Regen und Nebel gewünscht haben. Kein Wunder, wenn sie da mehr und mehr an die Erzählungen von sonnigen Gegenden im Süden dachten. Als dann noch verheerende Sturmfluten die gesamte Nordseeküste heimsuchten, muß jemand die Losung zum gemeinsamen Aufbruch gegeben haben ...
Es war das Jahr 120 v. Chr. Von Nordjütland sollen die ersten losgezogen sein, der ganze Stamm der **Kimbern** – gen Süden. Noch bevor sie die Elbe erreicht hatten, waren auch die **Teutonen** und die **Ambronen** (daher Insel ‚Amrum') zu ihrem Treck gestoßen. Der Versorgung wegen teilten sie sich dann aber in zwei Gruppen von vermutlich je 150 000 auf.

„Gebt Raum, ihr Völker, unserm Schritt"

In der römischen Hauptstadt wurde mit Schrecken berichtet, daß sich zwei gewaltige Marschsäulen von riesenhaften Kriegern mit Frauen, Kindern und Vieh der Reichsgrenze näherten! Daß sie nur Siedlungsland wollten, glaubte niemand. Fast 20 Jahre irrten sie diesseits der Alpen und in Frankreich umher, nirgends gern gesehen und unentschlossen; selbst die Siege über ihnen entgegengeschickte römische Legionen wußten sie nicht zu nutzen. Eine neue Heimat suchten sie – im Jenseits sollten sie sie finden. Die Teutonen und Ambronen wurden 102 v. Chr. bei Aqua Sextiae (Aix-en-Provence), die Kimbern 101 v. Chr. bei Vercellae (zwischen Mailand und Turin) von den Römern vernichtend geschlagen. Der ‚furor teutonicus' und der ‚terror cimbrus' waren damit endgültig besiegt, so drückte es später der römische Geschichtsschreiber Tacitus aus. Man konnte wieder aufatmen.
Keine 500 Jahre später zitterte nicht nur Rom, sondern ganz Europa vor den Hunnen, den ‚Geißeln Gottes' aus der zentralasiatischen Steppe. Ihr Angriff (375 n. Chr.) auf die mittlerweile zwischen Donau und Dnjepr siedelnden Goten löste eine rund 200 Jahre andauernde allgemeine Wanderung eigentlich aller Germanenstämme aus. Die großen Züge nach Italien und Spanien hinein, die zu germanischen Reichsgründungen auf römischem Boden führten, gaben dieser Periode die Bezeichnung *Völkerwanderungszeit*. Doch das ist vorgegriffen und in die Ferne abgeschweift.

Zuhause im Abseits des Geschehens

Hier im nordischen Heimatgebiet der Germanen hatte sich das Wetter um Christi Geburt allmählich stabilisiert, und damit pendelte sich auch das Leben der Bevölkerung wieder ein. Nach wie vor wurde Ackerbau und Viehzucht betrieben, Berufshandwerker übten ihre Gewerbe aus, und die Schifffahrt war gut entwickelt. Ein dichtes Netz von Handelswegen überzog das

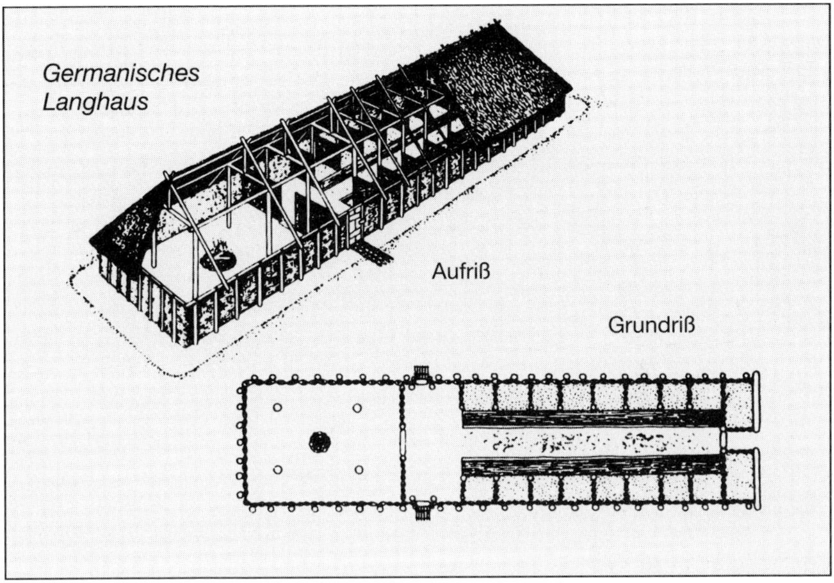

Land, und man konnte sich wieder Schätze aus der Ferne leisten. Nunmehr waren es fast ausschließlich römische Erzeugnisse, die bei uns geradezu in Mode kamen, und Wein. Von hier zogen vierrädrige Ochsenwagen – beladen mit Fellen, Schafwolle, Bernstein und Salz – ins Keltenland und weiter nach Rom, wo außerdem das lange blonde Haar der nordischen Frauen für Perücken sehr begehrt war. Die Zeitspanne von der Zeitenwende bis zur Völkerwanderung wird daher bei uns **Römische Eisenzeit** genannt.

Das allgemeine Leben spielte sich in Dörfern ab; daneben gab es aber ebenfalls und weiterhin Einzelhöfe. Zum typischen Wohnhaus der Germanen wurde das sogenannte Langhaus, ein strohgedeckter Pfostenbau mit lehmverputzten Flechtwerkwänden und eingebauten Stallungen. 10–20 Menschen lebten darin. Auf Amrum sind z.B. bei der VOGELKOJE die Bodenpflasterung und Herdstelle mitsamt den markierten Pfostenlöchern von so einem Haus zu sehen (1./2. Jahrhundert, Rekonstruktion im Landesmuseum Schleswig). Es hielt nur höchstens eine Generation durch, doch dann mußte man meistens ohnehin umziehen, weil der Boden durch den immer noch nicht bekannten Anbauwechsel erschöpft war.

Dies trug ebenfalls zu dem anfänglich so unruhigen Leben der Germanen bei; ständig befanden sich welche von ihnen auf ‚Landnahme'. Dabei waren die Axt zum Waldroden und das Schwert zur Verteidigung und Behauptung ihre

wichtigsten und treuesten Begleiter. Beide Klingen bestanden nunmehr aus Eisen, so daß der Schmied im Rahmen einer Gruppe stets ein hohes Ansehen genoß. Ein gewisses Kurzschwert war damals in der norddeutschen Tiefebene üblich, *Sahs* genannt, worauf die Bezeichnung *Sahsen* = Sachsen zurückgeht. Erst als die Drei-Felder-Wirtschaft eingeführt wurde (abwechselnd Sommerfrucht, Winterfrucht und Brache), kam Ruhe ins Volk, und man ging dazu über, dauerhaftere Holzhäuser zu erstellen.
Die Grundlage der inzwischen gewachsenen **Gesellschaftsordnung** war – wie früher – die Familie, die Sippe; sie lebte nah beieinander und hielt fest zusammen. Es waren meistens mehrere oder gar viele solcher Sippschaften, die sich dann in einem natürlich begrenzten Gebiet zu einem Stamm zusammengefunden hatten beziehungsweise von einem Anführer oder Territorialherrn als einer Art Stammesfürst zu einem Stamm zusammengefaßt werden konnten. Einigten sich in der gleichen Region wiederum mehrere Stämme, so war das ein Stammesverband – wenn auch keine Garantie, daß untereinander Eintracht und Frieden herrschte. Stammesfehden wurden für die Germanen geradezu sprichwörtlich. Andererseits konnte sich ein Stammesverband unter entsprechender Führung durchaus zu so etwas wie einem Kleinkönigreich entwickeln, später ‚Herzogtum' genannt, da der oberste Herr zumeist der Heerzugführer war.
Zunächst hatte es innerhalb der Bevölkerung zwei Gruppen gegeben, in die man jeweils hineingeboren wurde: die *Freien* – das waren die meisten, und die *Halbfreien* – das waren freigelassene oder freigekaufte *Sklaven*. Letztere wurden zwar mehr als Knechte und Mägde gehalten, galten jedoch nur als Sache; sie bildeten dennoch eine (aber nicht zählende) Gruppe, in die man als Kriegsgefangener oder als Schuldner geraten konnte oder ebenfalls hineingeboren wurde. Nur die Freien durften Waffen tragen und nahmen gleichberechtigt am Thing, der Volksversammlung, teil. Hier wurde nach wie vor alles gemeinsam beraten und von Fall zu Fall ein Anführer für besondere Aufgaben gewählt. Inwieweit ein Territorialherr als ‚Schutzherr' den Vorsitz hatte und Recht sprach, hing von den örtlichen Gegebenheiten ab, wie auch die allmähliche Unterteilung von Stammesgebieten in einzelne Gaue, denen dann ein gewählter *‚Overbode'* vorstand.
Der *Adel* entwickelte sich erst allmählich und bildete die dritte Gruppe; sie war die kleinste, aber oberste. Er soll aus Territorialherren und solchen Freien hervorgegangen sein, die das Haupt der angestammten Kernfamilie einer Sippe waren und ihre Abstammung auf einen göttlichen Ahn zurückführten! Andererseits konnten Freie, die sich besonders verdient machten, wie z.B. durch Tapferkeit im Kampf, in den Adelsstand erhoben werden, und ihre Kinder waren dann auch adlig. Dieser sogenannte Uradel hatte lediglich die Ehre, keinen direkten Gewinn wie später der Dienstadel unter Lehnsverhältnissen, die in Schleswig-Holstein erst im 13. Jahrhundert aufkamen.

Ursprünglich hatte jeder Territorialherr eine meist berittene Gefolgschaft: Söhne und ledige Freie, die bei ihm unter Vertrag standen, voll verpflegt, gekleidet und bewaffnet wurden. Sie schliefen mit in seinem Wohnhaus, der später besonders im Norden vielbesungenen ‚Großen Halle'. Meterware Stoff schmückte dort in langen Streifen die Wände, als obere Randverzierung hingen die Schilde der Mannen. Tranlampen und Feuerstelle spendeten Licht und Wärme. Es gab lange Tische und Bänke, für den Herrn und die Herrin geschnitzte Stühle an erhöhter Stelle und ein abgetrenntes Schlafgemach. Der Mäuse wegen hatte man Kistenbetten. Ansonsten waren Truhen mit den Habseligkeiten eines jeden das einzige Mobiliar; den Seefahrern dienten sie zugleich als Seekiste und Ruderbank.
Treue dem Herrn gegenüber war das oberste Gebot für die Männer der Gefolgschaft. Sie führten gegebenenfalls seine Schutzpflicht über Land, Wege und Märkte aus, mußten für ihn kämpfen und Beutegut abliefern, erhielten allerdings ‚Treueprämien'. Nicht zuletzt hatten die Territorialschutzherren selber an reibungslosem Warenverkehr Interesse, da sie meistens am Handel beteiligt und ganz allgemein auf Reichtum und Ansehen erpicht waren – im besonderen wenn sie bereits als ‚Fürsten' galten. Zur eigenen Sicherheit, doch ebenso zur Repräsentation umgaben sie ihr Anwesen mit einem Schutzwall und ließen für die Bevölkerung **Fluchtburgen** anlegen – größere Ringwälle mit Palisadenzaun und einem festzuverriegelnden Tor, in die sie sich zu Notzeiten mitsamt ihrem Vieh zurückziehen konnte – z.B. die noch bis ins 10. Jahrhundert benutzte TINNUMBURG auf Sylt.
Fernerhin dürften die Territorialherren zugleich Schirmherren des Kults gewesen sein, Vermittler zwischen den Menschen und den Göttern, von denen man sich unabänderlich abhängig fühlte. Daß insofern ein hiesiger Verwandter der Götter, ein Mensch mit göttlichem Ahn, besonders befähigt für den Kontakt erschien, war nur allzu verständlich und konnte wiederum seine Wahl zum weltlichen Schutzherrn beeinflussen. Die Durchführung der Kulthandlungen lag nach wie vor bei den ‚Kultbewahrern', den Priestern.
Für alle größeren Unternehmungen wurde sich schließlich jeweils auf einen Führer aus Adelskreisen geeinigt. Fähigkeit und frühere Verdienste spielten insbesondere bei der Bestellung von Heerführern eine Rolle, denen es gerade während der Völkerwanderungszeit absolut passieren konnte, von einer jubelnden Kriegerschar als ‚König' auf den Schild gehoben zu werden. So einer war z.B. Alarich der Westgoten aus dem göttlichen Geschlecht der Balthen. Vom Balkan zog er über Griechenland nach Italien und eroberte (plündernd, wie es allgemein üblich war) die ehrwürdige ewige Stadt Rom im Jahre 410 – allerdings starb er kurz darauf und erhielt das später in einem Gedicht besungene Grab im Busento.
Hier in der alten nordischen Heimat stehen die sogenannten *Bautasteine* als Zeugnis der großen Germanenzüge – wie auch der Weiterführung des alther-

Runen – Schrift oder Magie

Rune ist ein keltisch-germanisches Wort und bedeutet soviel wie ‚geheimnisvolle Kunde'. Die ersten Inschriften mit dieser Art Buchstaben traten überall im germanischen Raum während des 2. und 3. Jahrhunderts n. Chr. auf und wirken wie Beschwörungsformeln. Manchmal wurde nur eine Rune gesetzt, die aber im übertragenen Sinn eine bestimmte Bedeutung hatte. Klarer sprechen Einritzungen, wie z.B. auf einer Speerspitze: ‚Die zum Ziel geht' oder auf einem Schwert: ‚Das in die Flucht schlägt'. Hier und da sind lediglich die ersten sechs oder gar die ganze Reihe der Buchstaben aufgetreten, was unterstreichen mag, daß allein den Zeichen magische Kräfte zugemessen wurden.
Insofern dürfte es verständlich sein, wenn man sich dieser Schrift nicht für längere Aufzeichnungen aus dem täglichen Leben bediente und schon gar nicht mit Feder oder Pinsel. Die eckige Form der Runen zeigt deutlich, daß sie zum Einritzen entworfen wurden; das deutsche Wort ‚Buchstabe' enthält den Bezug auf das anscheinend zuerst verwendete Material – Buchenholz. Mit Buchenstäben, kleinen Holzbrettchen, die jeweils nur ein Zeichen trugen, soll man auch versucht haben, den Willen der Götter zu erfahren: man warf ein gewisses Bündel davon zu Boden und hat sie dann zur Deutung ‚aufgelesen' ...
Das Runen-Alphabet wird nach seinen ersten sechs Buchstaben Futhark genannt und wurde vermutlich von den germanischen Markomannen in Böhmen aus einer keltisch-etruskischen Buchstabenreihe entwickelt. Alle Germanenstämme haben zunächst diese ursprünglichen 24 Runen übernommen. Die bei uns im Norden gefundenen frühen Beispiele zeigen außerdem, daß wir damals noch eine einheitliche ur-nordische Sprache hatten. Bald aber sollten die verschiedenen Mundarten zu eigenen Sprachen werden, und im Gefolge davon kam es zu Umformungen der Reihe. Die kurzlebige angelsächsische hatte sogar 28 Runen, während die dänische und die schwedisch-norwegische Reihe mit nur je 16 Runen die gesamte Wikinger-Zeit von 800–1100 beherrschten.

ᚠ ᚢ ᚦ ᚨ ᚱ ᚴ

f u th a r k

gebrachten Steinkults. Denn ebenfalls schon vorher wurden offensichtlich größere Steine aufgestellt, die einerseits tatsächlich ‚Grabsteine' waren, wenn sich an ihrem Fuß eine Grube mit Gebeinen oder einer Urne befand, andererseits aber – ohne einen Hinweis – als **Gedenksteine** für in der Fremde umgekommene Familienangehörige ausgelegt werden. Allein auf der Insel Bornholm gibt es 250 davon. Da sie bedeutungslos aussehen, sind wohl die meisten in unserem Raum längst anderweitig verwendet worden. Jedoch durch die erhalten gebliebenen *Runensteine* – Steine dieser Art mit Text in Runenschrift wie beispielsweise ‚Sigved errichtete ihn für seinen Bruder, der südwärts gefallen ist' – war man letztlich aufmerksam geworden und nahm dann das altnordische Wort ‚Bauta' = Kampf oder Schlacht für die Bezeichnung der schlichten Steine.
Es gab mittlerweile noch weitere Gründe, weshalb jemand von zuhause fortgezogen sein konnte; nicht nur, um woanders zu siedeln oder als Handelsmann bzw. dessen Begleiter. Es mögen auch einige Handwerker ‚auf Wanderschaft' gegangen sein, um sich in den südlichen Herstellungsländern der im Norden gefragten Waren umzusehen. Ferner dürften ebenfalls bei uns einige der jüngeren Söhne von Adligen, wie wir es von Arnim dem Cherusker wissen, nach Rom gezogen sein, um dort das ‚Kriegshandwerk' zu lernen. Andere könnte allgemein das Abenteuer gereizt haben, und sie mögen sich für eine Zeitlang bei den Römern oder anderen Germanenstämmen im Süden als Söldner oder Kämpen verdingt haben. An der im Keltengebiet gelegenen Nahtstelle des römischen Machtbereichs und der germanischen Landnahmebewegung war immer etwas los.
So mag persönliche Kenntnis der römischen Lebensweise das steigende Interesse bei uns an römischen Gegenständen vor allem in der Oberschicht gefördert haben und ebenfalls das hiesige Auftauchen von diesen oder jenen fremden Sitten erklären.
Wiederum gaben Grabstätten Hinweise. Unter ihnen befindet sich eine kleine Gruppe, die auch hier im Norden als **‚Fürstengräber'** gelten können (1./2. Jahrhundert). Da steht der herkömmliche Baumstammsarg mit seiner Steinpackung in einer holzverkleideten Grube, die dann abgedeckt und leicht überhügelt war. Der Tote trug viel persönlichen Schmuck (am Körper und an der Kleidung), und die Tongefäße der Trank- und Speiseopfer waren feinster einheimischer Art. Daneben lagen jedoch meist zahlreiche Teile von römischem Tafelgeschirr aus Silber, Bronze und Glas, woraus geschlossen werden kann, daß man im Hause dieses Toten auf römische Art speiste.
Allgemein wurden Waffen und Schmuck nicht mehr den Toten mitgegeben, sondern in Mooren niedergelegt, wo sie anscheinend nach wie vor als kostbarster Besitz den Göttern geweiht worden waren. Das Prunkstück der nordischen **Moorfunde** ist der *Silberkessel von Gundestrup*, Nordjütland (jetzt im Nationalmuseum Kopenhagen). Er hatte wahrscheinlich kultische Bedeu-

tung, da er als eine persönliche Weihegabe zu groß erscheint. Der obere Randdurchmesser beträgt 69 cm. Wer aber brachte ihn wann und woher mit? Wurde er erworben oder erbeutet, oder war er ein fürstliches Geschenk der Freundschaft oder der Achtung von einem Hüter des Kults an einen anderen? Hergestellt ist er vermutlich im 1. Jahrhundert v. Chr. und ebenso vermutlich von Kelten, denn die bildliche Verzierung bringt Kultszenen aus der keltischen Mythologie.

Besondere Beachtung sollte die Tatsache finden, daß auf diesem Silberkessel auch offensichtlich Götter dargestellt sind, was bis dahin nördlich der Alpen nicht gemacht worden war. Erst die Kelten scheinen damit um 200 v. Chr. begonnen zu haben, und ihnen folgend überwanden dann wohl ebenfalls die Germanen ihre Scheu, Göttern Gestalt zu geben. Im Braaker Moor in Holstein wurden beispielsweise zwei über 2 m hohe, aus Astgabeln abstrahiert verfertigte Figuren geborgen, die sicherlich ein *Götterpaar* darstellten, das mahnend am Rand der dortigen Moorfläche gestanden hatte und im Kult eine Rolle spielte (ca. 2000 Jahre alt; jetzt im Landesmuseum Schleswig). In römischen Berichten ist nämlich auch über ‚Götzendienste' und Kultfeiern an Mooren zu lesen, ‚da die Germanen keine Tempel kannten und ihre Götter und Geister draußen in der Natur verehrten.' Es wurden auch Anzeichen von rituellen Mahlzeiten an Moorufern entdeckt – nicht auszuschließen ist dabei der Verzehr von Menschenopferfleisch ...

Durch ihre präservierende Art sind die Moore für die heutige Forschung zu wahren Fundgruben geworden, insbesondere für die Jahrhunderte um die Zeitenwende (z.B. Thorsberger Moor/Angeln). Dennoch bescheren sie viele Fragezeichen, wie z.B. daß ganze Waffenlager und Kriegsbeutegüter auf der Insel Fünen und entlang der Ostküste Jütlands auftauchten! Ob damit schon die nach Westen, in Richtung Schleswig, strebenden Dani in Verbindung standen? Von Rätseln sind ebenfalls die im Moor gefundenen Leichen umgeben: wurden diese Menschen geopfert oder nur allgemein bestattet? wie z.B. Deutschlands schönste Moorleiche, das *Mädchen von Windeby*, das krank war (1. Jh. v. Chr.; Landesmuseum Schleswig); waren sie als Verbrecher ins Moor getrieben oder nach Todesurteilsvollstreckung hineingeworfen? wie Dänemarks *Tollundmann*, der noch die Halsschlinge trug und Würgemale aufweist. Sein Kopf gilt als der besterhaltene frühe Menschenfund der Welt! Wenn auch die Haut wie feines schwarzes Leder aussieht, so glaubt man, einer lebendigen, schlafenden Person gegenüberzustehen (2. Jh. v. Chr., Museum in Silkeborg/Mitteljütland). Mit diesen Funden ist auch die Kleidung der damaligen Zeit bekannt geworden, die sich wiederum mit den Angaben in römischen Berichten deckt.

Aus dem Nydam-Moor am Alsensund stammt das im Landesmuseum in Schleswig ausgestellte Nydamboot. Es ist jenen Typs, mit dem am Ende der römischen Eisenzeit die germanische **Landnahme in England** begann. Die

Nydam-Bootstyp (5. Jh.)

voraufgegangenen Jahrhunderte waren ruhig und ereignislos in unserem Norden verlaufen; bäuerliche Wirtschaft und handwerkliches Schaffen blühten vor sich hin. Dennoch geschah hier etwas ganz allmählich: wieder einmal wurde der Siedlungsraum auf der Kimbrischen Halbinsel knapp, aber diesmal nicht durch Sturmfluten, sondern durch Überschuß an männlichen Geburten! Langsam aber sicher gab es zu viele junge Leute ohne Höfe – und ohne Bräute! So stand nicht nur Landnahme, auch Brautwahl hinter den Männern, die sich bereits ab Ende des 4. Jahrhunderts zu Boot auf den Weg nach ‚Britannien' machten.

Dort hatte Rom seine Besatzungstruppen nicht zuletzt wegen Alarichs Vordringen völlig abziehen müssen und die keltisch-britische Bevölkerung schutzlos den ewigen Kleinkriegen mit Pikten und Iren überlassen sowie den neuerlichen Überfällen auf die Südostküste von jenseits des Kanals. Einer der letzten Römer traf noch einen gutgemeinten, aber folgenschweren Entschluß: er bot allen ‚Nordseegermanen' Land zum friedlichen Siedeln an, wenn sie im Gegenzug dafür ihre räuberischen Vettern von der Küste fernhalten würden. Sie taten es. Friesen sollen es gewesen sein oder Jüten, die nach Ostfriesland verschlagen waren. Als sie sahen, wie wenig besiedelt das englische Hinterland war, ließen sie jenseits vom *Oceanus Germanicus* die Parole ausgeben: kommt rüber!

Erst waren es nur einzelne Gruppen, doch um etwa 450 müssen größere Wellen von **Angeln, Sachsen und Jüten** die Fahrt angetreten haben. Wenningstedt auf Sylt war anscheinend der ‚Auswandererhafen' der Angeln. Betrachtet man das kaum 24 m lange Nydamboot, so kommt es einem unwahrscheinlich als ‚Überseeschiff' vor; auch wenn zu der Zeit noch unter Landsicht gefahren wurde, mußte letztlich der Ärmelkanal überquert werden. Es ist ein bis zu 3 m breites Plankenboot mit 14 Ruderbänken, d.h. 28 Riemen, ohne Kiel und ohne Mast; die Nutzung der Windkraft in Segeln trat erst nennenswert mit den Wikingern durch die Erfindung des Kiels um 800 auf. Als Rippen dienten von Natur gebogene dickere Eichenäste; die ebenfalls eichenen Planken wurden in Klinkerart gearbeitet, zusammengefügt und mit Eisenstiften vernagelt; innen an den Rippen waren sie jedoch vertäut, was dem Bootskörper Elastizität verleiht. Beide Steven laufen spitz aus, so daß das Boot vorwärts und rückwärts gerudert werden konnte. Das Steuerruder befindet sich hinten rechts – daher der Ausdruck ‚Steuerbord' für die rechte Schiffsseite; und da der Steuermann davorsitzend der linken Seite seinen Rücken (die Back) zuwendet, wurde sie zu ‚Backbord'.
Aus gleichartigen, früheren und späteren Bootsfunden hier im Norden läßt sich die hiesige vorzügliche **Tradition im Bootsbau** ablesen; geradezu eine Kunst, die den anderen Germanenstämmen in Mitteleuropa verlorengegangen war und die von den zuhause verbliebenen Küstenbewohnern zum Höhepunkt gebracht werden sollte. Ihre seemännischen Fähigkeiten brachten ihnen wiederum den Namen ‚Wikinger' ein, Männer aus den Wiken, den Buchten Skandinaviens, der dann auf die gesamte Bevölkerung nördlich der Schleswig-Holstein trennenden Eider überging.
Ansonsten war auch damals bei der Auswanderung nach England das Formengut der Heimat mitgewandert, womit das plötzliche Auftreten von genau derselben Keramik und im besonderen einer bestimmten nordgermanischen Gewandnadel (Fibel) im keltisch-britischen Gebiet zu erklären ist. Ihre Verzierung half wiederum der Forschung, das hiesige Kunstschaffen zu verfolgen und nach seinem Hauptmotiv unter der Bezeichnung **Tierkunststil** auf einen Nenner zu bringen. Er wird als erste germanische Kunstäußerung betrachtet und geht auf ein allmähliches Werden in der Ruhe des Abseits vom großen Geschehen im Süden zurück, deutlich entwickelt aus dem ‚Anschauungsmaterial' der voraufgegangenen Römischen Eisenzeit und dann weiter aus sich selber heraus zu seinem Höhepunkt in der Wikingerzeit. Die Jahrhunderte dazwischen laufen schlicht als **Germanische Eisenzeit** (400–800). Manchmal wird allerdings wie im sonstigen Europa die erste Hälfte ‚Völkerwanderungszeit' genannt und die zweite wie in Schweden nach dem dortigen berühmten Fundort ‚Vendelzeit'. Bei den unruhigen südlichen Germanen machten sich Fremdeinflüsse bemerkbar, und so ging die heimische Kunst dort nach ihrer Blüte im 7. Jahrhundert schon bald im Karolingerstil auf.

Nordische Tierornamentik

Die nordische Tierornamentik gehört zum Schönsten und Vollendetsten, was auf dem Gebiet der Flächenverzierung geschaffen wurde. Leider stehen derartige Zeugnisse ebenfalls nicht am Rande unserer Ferienstraßen, sondern werden in Museen aufbewahrt, da es sich um Kleinfunde aus den Körpergräbern und Horten dieser Zeit handelt. Die nachfolgenden Ausführungen mögen die Freude am Beschauen etwas vertiefen.

Wie sich schon vorher zeigte, scheint man bei uns keine freien Flächen auf Schmuckstücken, Gerätschaften und selbst bei Waffen geliebt zu haben. In der langen Bronzezeit, als sich die Germanen als solche formten, waren die Muster geometrisch. Wenn nun in der Eisenzeit vor allem Tiere, aber auch sonstige Szenen auftraten, so sind wohl die vielen Importe an römischem Tafelgeschirr richtungweisend gewesen, die derart verziert waren; römische Brakteaten (einseitig geprägte runde Goldplättchen, Medaillons) dienten im besonderen als erste vorgegebene Fläche, in die das Motiv letztlich sehr kompliziert hineinkomponiert wurde.

Wieder entsteht der Eindruck, daß die damaligen Kunsthandwerker Freude an der Arbeit hatten; war es in der Bronzezeit das neue Material, das die Kreativität schürte, so jetzt der neue, ein eigener Stil, der sich dann schnell in jedem Werkstoff und auf allen Flächen zeigen sollte. Holz ist meistens inzwischen vermodert, aber es wurden z.B. auch steinerne Axtklingen gefunden, auf denen die eingeritzte Verzierung sogar mit Silberdraht ausgelegt war. Die meisten Fundstücke sind Waffen, Beschläge von ledernem Zaumzeug, Schmuck und Gewandnadeln vorwiegend aus Gold, das während der Völkerwanderungszeit bei den Germanen sehr reichlich vorhanden war. Es kam von den Römern, die sich durch Bestechungen ihre Grenzen sichern wollten; selbst Goldbarren sind gefunden worden! Später wurde viel Silber und immer noch wieder Bronze verwendet, ebenfalls Eisen, teilweise vergoldet. Die handwerkliche Ausführung ist in jedem Fall hervorragend – Qualität gepaart mit Originalität.

Schnell hatte sich der anfänglich übernommene rein naturalistische **Tierstil** zu jener abstrakten Art gewandelt, die dem Geschmack der Leute in unserem Norden sehr entsprochen haben muß und deren Ästhetik jeden Betrachter fasziniert. Das Hauptelement ist das halb naturalistische Tier. Zunächst wurde der abstrahierte Körper lediglich in die Länge gezogen, dann aber ‚zerrissen', und die einzelnen Teile wurden in einem geradezu geometrischen Durcheinander in die viel zu klein erscheinende Fläche gepreßt. Nach über hundert Jahren mit endlosen Variationen war von dem Tier eigentlich nichts mehr zu erkennen. Da dieses schier unerkennbare Wesen keine weitere Entwicklungsmöglichkeit bot, scheint man es in der frühen Vendelzeit (600–700) einem ‚Heilungsprozeß' unterworfen zu haben – allerdings mit auswärtiger

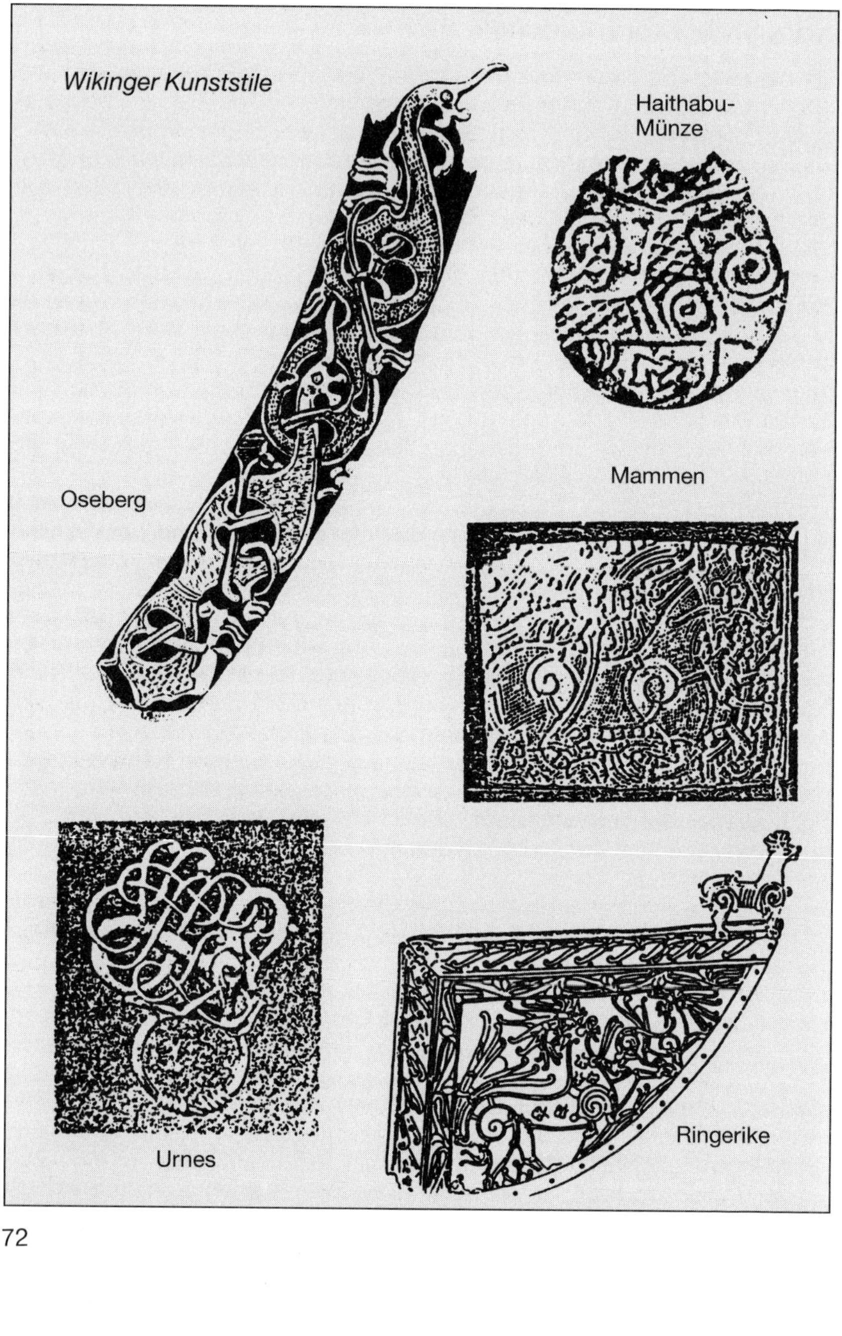
Wikinger Kunststile
Haithabu-
Münze
Oseberg
Mammen
Urnes
Ringerike

Hilfe. Es waren wohl das Wellenband der Franken und das Bandgeflecht der Langobarden, die in ihrer Umsetzung auf einen nun bandförmigen (meist vogelartigen) Tierkörper wieder Klarheit und Ruhe in die Komposition brachten. Auffallend sind gleichmäßig breite Bänder, die S-förmig in der Diagonale ‚fließen'; rechteckige Einrahmung deutet auf Streben nach Symmetrie.
Die spätere Vendelzeit (700–800) wandte sich kurz dem irischen Knotenmotiv zu – ein Hinweis auf die ersten Handelsbeziehungen über die Nordsee, ging dann aber zurück zur reinen Darstellung eines meist vierfüßigen Tieres als Ornament; wie schon in der frühen Vendelzeit kam es nicht einzeln vor, sondern wiederholte sich mehrfach, untereinander verflochten zu einem Fries. Das vorherige Flechten von Bändern und Knoten wurde nunmehr mit den Körpern der Tiere gemacht. Sie waren nach wie vor langgezogen, hatten aber eine schmale Taille erhalten sowie lange und mehr als dünne, fadenähnliche Gliedmaßen, was sich hervorragend zu einer künstlerischen Auflösung und wiederum zum Abstrahieren des tiergestaltigen Motivs eignete; außerdem entstand durch die Übergänge von dick zu dünn ein sehr eigener Rhythmus.
Hierin fußt der **Wikingerstil** (800–1100), der sich ebenfalls im Schleswigschen niederschlug. So wie diese Nordgermanen plötzlich mit ihren in aller Stille durch die Erfindung des Kiels perfektionierten Booten energiegeladen auf der Bühne der damaligen Welt erschienen, stand auch ihr Kunststil mit einem Mal da: unverkennbar hatten sie das Bisherige mit Kraft und Ausdruck durchsetzt. Die häufig abgebildeten Osebergfunde aus der Wikinger-Schiffshalle in Oslo repräsentieren die anfängliche Variante: ein an Bug und Heck verziertes Schiff, auf dem die Königin Osa mitsamt ihrem Hausstand um 850 in einem stattlichen Hügel begraben worden war (u.a. Prunkwagen, Schlitten, Tierkopfstäbe, Bildteppichweberei). Am bedeutendsten sind die hier erhaltenen Holzschnitzereien; denn Holz muß den früheren Menschen das vertrauteste Material gewesen sein, so daß sie ihr Kunstempfinden darin vermutlich am besten auszudrücken verstanden.
Zwei Grundtypen erscheinen in dieser *Oseberg*-Stilart jeweils flach-linear und dreidimensional-barock: a) ein wirrer Haufen von Tieren, deren Klauen auffällig das ihnen naheliegende Ornament umklammern, sowie b) als Friesverzierung ein langgezogenes, oft zu einer Acht verbogenes Tier mit kleinem Kopf und einer rundlichen Öffnung bei den Hüften (zum ‚Durchziehen' des Kopfes vom Tier dahinter). Die etwas umklammernden Tiere beherrschten vor allem das ganze 9. Jahrhundert. Gegen Ende dieser Zeit erschienen sie in den Lokalstilen von Borre und Jelling in vereinfachter Form (Borre-Merkmal: Tiere schauen nach hinten; Jelling-Merkmal: kein Loch in den Hüften). Mitte des 10. Jahrhunderts zeigt die *Mammen*-Variante wieder fettere Tiere, mit doppelten Konturen und deutlich durch eine ‚Spirale' hervorgehobenen Hüften; die Gliedmaßen laufen in bänderartige Blätter aus.

Mammen mag durchaus die sich Anfang des 11. Jahrhunderts entwickelnde *Ringerike*-Stilart inspiriert haben, die die Blätter zu Palmetten werden ließ, aber damit von der reinen Tierornamentik abwich. Es blieb jedoch der abstrakte Expressionismus, der für die Wikinger charakteristisch ist.
Man sagt zwar, daß der Wikingerstil durch die Aufnahme von Blattwerk seine Kraft verlor und damit Dekadenz zeigt; was nun aber als letzter Wikingerstil Mitte des 11. Jahrhunderts erschien – die *Urnes*-Variante, wieder rein zoomorph und doch an Ringerike angelehnt, das müßte dann als ‚dekadente Perfektion' bezeichnet werden! Abgesehen von der Kleinkunst in Museen gibt es auch in dieser sehr dekorativen Stilart nachgearbeitete Broschen zu kaufen. Namensgebend war die Urnes-Stabkirche in der Tiefe des Sognefjords, an deren Nordwand noch das ebenfalls oft abgebildete breit eingefaßte Nordportal der ursprünglichen Kirche von 1050 bewahrt blieb.

Urnes – Höhepunkt des germanischen Tierkunststils.

Im ersten Augenblick hält man die Reliefarbeit für freie Skulptur und glaubt, ein verwobenes Geäst zu sehen; schon im zweiten Moment fühlt man eine ungeheure Ausstrahlung, und dann sortiert sich das Geäst auf jeder der vertikalen Flächen zu kunstvollem Geflecht aus Schlangenleibern sowie zu einer dekorativen Komposition, die von einer sich immer wiederholenden offenen Acht beherrscht wird und den späten Vendelstil in Erinnerung ruft. Einzig deutlich erkennbar ist unten links ein hohes schlankes vierbeiniges Tier (Schulter und Hüfte betont durch Spiralen); von oben wird es von einer der dickeren Schlangen angegriffen, und diese umzüngeln wiederum ganz dünne Schlangen.
Auf der Türfläche wiederholt sich das Bild der verwobenen Schlangenleiber, aber in flachstem Flachrelief, was den fast kalligraphischen Effekt der weichen Übergänge von breiter zu schmaler Form noch deutlicher werden läßt und vielleicht auf den hintergründigen Sinn des Ganzen von Gegensatz und Versöhnung anspielt. Trotz der Weichheit in der Linienführung scheint zwischen den Tieren ein unerbittlicher dramatischer Kampf jeder gegen jeden auf Leben und Tod stattzufinden ... Soll sich hierin vielleicht der damalige gewaltige Umbruch spiegeln, in dem die heidnischen Wikinger zu christlichen Norwegern, Schweden, Dänen und Schleswigern wurden?
Dieser Urnes-Stil hielt sich noch für etwa einhundert Jahre und findet sich, wie auch der Ringerike-Stil, insbesondere auf den vor allem zu dieser Zeit in Schweden sehr zahlreich aufgestellten Runensteinen; d.h. es kam dort sogar zu einer Verquickung der beiden Stile – die Palmette von Ringerike und die weiche Acht in breit und schmal von Urnes – und führte zu der Eigenbezeichnung **Runensteinstil**. Die dickeren Schlangenleiber tragen im allgemeinen die Inschrift.
Alle Variationen des Runensteintextes ‚Zum Gedenken fern der Heimat Verbliebener' dürften auf die engen Bande zwischen den Familien im In- und Ausland weisen; dennoch gingen sämtliche Wikinger-Volksgruppen in ihren neuen Heimatländern zwischen Irland und Rußland unter, am deutlichsten bei den ‚Normannen' zu sehen, die 1066 französischsprachig England einnahmen. Und alle wurden Christen, wie es die Runensteine ebenfalls andeuten: Kreuze erscheinen zur Verzierung, und in der Inschrift steht vermerkt ‚Er starb im weißen Hemd', d.h. getauft. Dennoch sah die Kirche in den Runen nur Teufelszeichen und führte die lateinische Schrift wie auch den romanischen Kunststil ein – er war übrigens in Niedersachsen entwickelt worden (u.a. Michaeliskirche in Hildesheim).

Nach diesem Ausflug in die Kunstgeschichte soll Ihnen das Folgende wieder Erdboden unter die Füße geben bzw. Asphalt unter die Räder Ihrer Fahrzeuge: nun ist auch wieder draußen in der Landschaft etwas zu sehen.

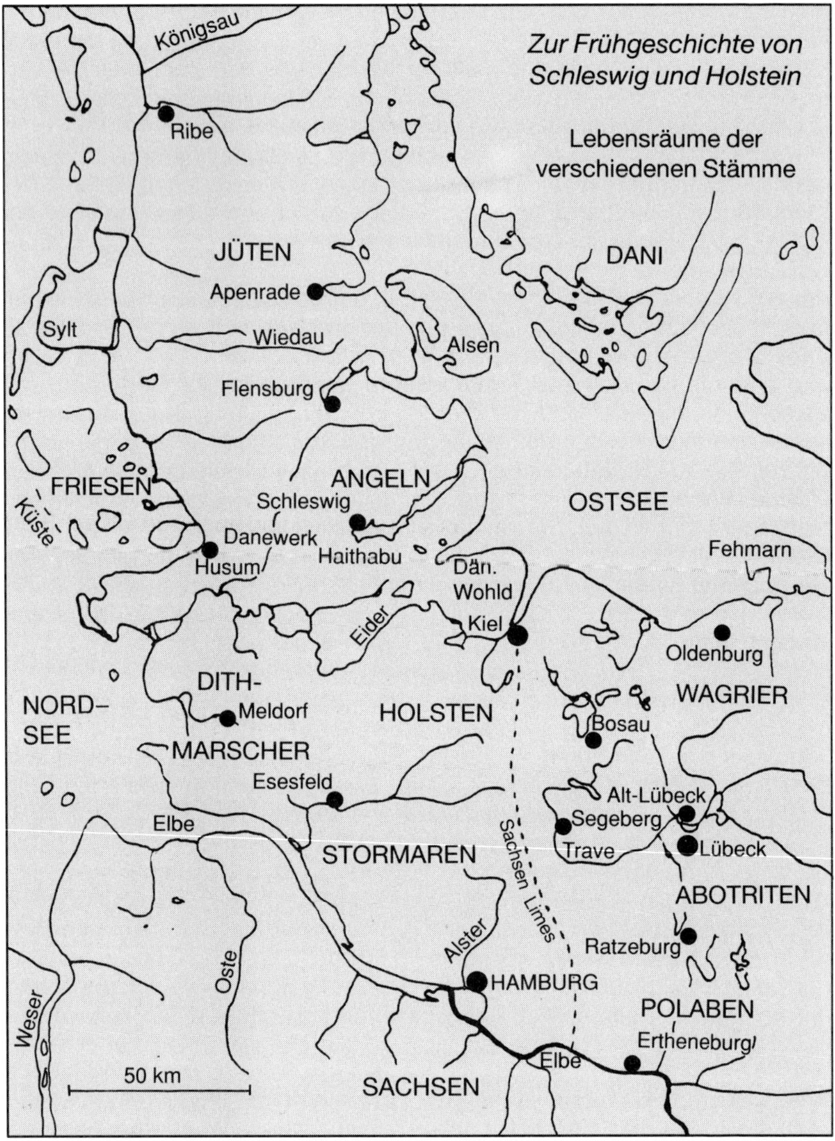
Zur Frühgeschichte von Schleswig und Holstein
Lebensräume der verschiedenen Stämme
Königsau
Ribe
JÜTEN
Apenrade
DANI
Sylt
Wiedau
Alsen
Flensburg
FRIESEN
ANGELN
Schleswig
OSTSEE
Küste
Danewerk
Husum
Haithabu
Dän. Wohld
Fehmarn
Eider
Kiel
Oldenburg
DITH-
MARSCHER
Meldorf
NORD-
SEE
HOLSTEN
WAGRIER
Bosau
Esesfeld
Alt-Lübeck
Segeberg
Elbe
Trave
Lübeck
STORMAREN
Sachsen Limes
ABOTRITEN
Alster
Ratzeburg
Oste
HAMBURG
Weser
POLABEN
Ertheneburg
Elbe
50 km
SACHSEN

Schleswig-Holstein wird Grenzland

Zur Germanenzeit hatte Schleswig-Holstein im Zentrum der Volkstumsregion gelegen; nun brachte die Wikingerzeit eine endgültige Trennung zwischen nördlichen und südwestlichen Stämmen, und die Grenze verlief durch die Mitte unseres Landes – der Doppelname zeigt es noch heute an. Auch die Ortsnamen mögen Ihnen bei Ihren Fahrten durch die Gegend eine gewisse Unterteilung verdeutlichen, die nach der vorgeschichtlichen Anonymität bereits im ersten Jahrtausend nach der Zeitenwende zustande kam. Endungen wie -ing(en), -hus(en), -stedt(en), -büttel gehen auf die Sachsen im südlichen Teil (Holstein) zurück, -by, -thorp, -toft auf die Dani im nördlichen Teil (Schleswig). Die Grenze war natürlicher Art: eine unwegsame Flußniederung (die Eider) samt Sümpfen und dichten Wäldern – eigentlich ein Niemandsland. Die spätere Urbarmachung liest sich ebenfalls in Ortsnamen ab, die zum Beispiel auf -moor, -wald, -stubben, -rode enden. Die Silbe -büll weist auf die Friesen an der Nordseeküste.

Eine deutliche, wenn auch bescheiden anmutende Grenzbefestigungslinie ist das sogenannte **Danewerk**, das sich westlich und auch südlich der Stadt Schleswig am nördlichen Rand des Niemandslandes hinzieht. Es sind mehrere Abschnitte einer Wallanlage, die im Kern vielleicht schon Ende der Völkerwanderungszeit ‚vorsichtshalber' als Abgrenzung zu den weiter südlich

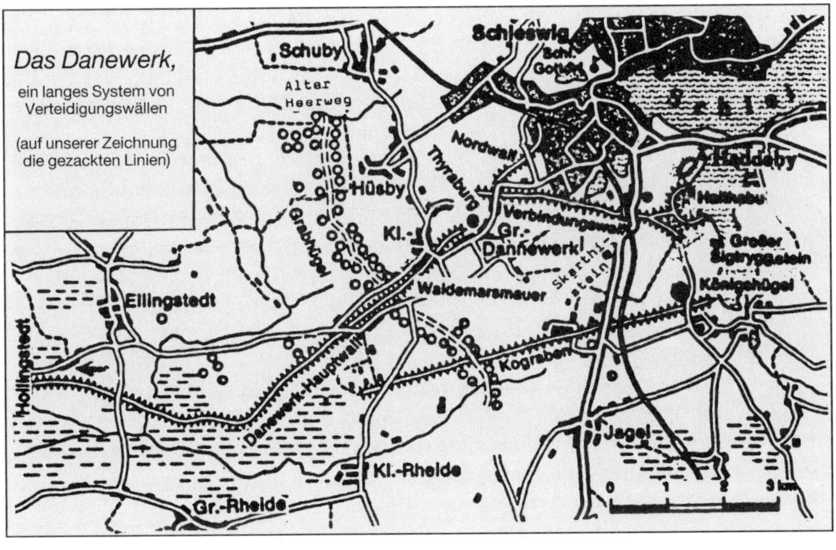

Das Danewerk,
ein langes System von Verteidigungswällen
(auf unserer Zeichnung die gezackten Linien)

lebenden Elbsachsen angelegt worden war. Nicht aus Feindschaft; aber ihr Gebiet schien durchaus in der Interessensphäre einer sich allmählich anbahnenden westgermanischen Eigenpolitik zu liegen, in die der Norden allem Anschein nach nicht hineingezogen werden wollte. Mit dem Wall wurde die sogenannte Schleswiger Landenge zwischen Schlei und Treene abgeriegelt; er ist mehrfach ausgebaut und erweitert worden. Um 1170 erhielt er sogar einen Abschnitt aus den derzeit neumodischen Ziegelsteinen, der ebenfalls noch heute teilweise erhalten ist (*Waldemarsmauer* beim Rothenkrug, Groß-Dannewerk). Nur einen Durchgang gab es, das Wiglesdor für die alte Nordsüdhandelsstraße, später Heer- oder Ochsenweg genannt, dem hier jetzt in etwa die Landstraße folgt. Im Mittelalter trieb man Ochsen dort entlang zu den Märkten im Süden.
Eine noch ältere Wallanlage ist der **Olmerswall**, der aus der Gegend von Apenrade nach Südwesten zu den Sümpfen des heutigen Grenzflußsystems reichte. Er war schon um das Jahr 200 erstellt worden und mag ebenso ein Grenzwall wie auch eine Wegesperre an der Handelsstraße dargestellt haben, um Zoll zu vereinnahmen. Dieses und die Anlage als solche (mit Palisadenzaun und Graben) läßt auf selbstbewußte und tatkräftige Führung der hiesigen Bauernbevölkerung schließen.
Es wird vermutet, daß es sich um **Angeln** handelte, die damals zu beiden Seiten der Flensburger Förde siedelten. Sie mögen zu der Zeit schon recht zahlreich geworden sein und begannen, sich nach Westen auszudehen. Da saßen aber die Jüten, bis hinunter zur Eider – man drängte sie nach Norden ab, ins jetzige Nordschleswig (Südjütland) und nahm für sich Südschleswig (unseren Landesteil Schleswig) ein. So dürfte dann um 400 n. Chr. der alte Olmerswall zusammen mit den Wasserläufen die Grenze zwischen Angeln und Jüten gewesen sein; noch heute werden beiderseits dieser Linie verschiedene Dialekte gesprochen.
Da die Angeln im 5. Jahrhundert in großer Zahl nach England auswanderten, konnten die **Dani** endlich ungehindert von Osten in das ziemlich leer gewordene Land eindringen; sie akzeptierten den Olmerswall weiterhin als Grenze zu den Jüten und sogen die Restbevölkerung Angelns allmählich auf. Ihren voraufgegangenen vergeblichen Versuchen, bereits im 4. Jahrhundert von Seeland über Fünen und Alsen in Jütland einzudringen, dürfte ein Teil der vielen geopferten Waffen zuzuschreiben sein, die in den Mooren der Gegend gefunden wurden.
Auch die osteuropäischen **Slawen** hatten von der Völkerwanderung profitiert und waren in die nur noch dünn besiedelten Germanengebiete südlich der Ostsee eingedrungen. Spätestens im 8. Jahrhundert saßen sie im Lauenburger Raum und in Ostholstein. Da auch sie sich am Ostseehandel beteiligten, beobachteten die Dani sie scharf und mögen deshalb den um 730 nachzuweisenden Ausbau des Danewerks veranlaßt haben.

Aus archäologischen Funden kann geschlossen werden, daß nach der Völkerwanderungszeit wiederum mehr Dörfer und größere Einzelhöfe entstanden – sowie erste ‚Burgen' = befestigte ‚Herrensitze' auf einer Wurt inmitten eines Ringwalles. Gerade bei uns in Schleswig-Holstein zeichnete sich Unruhe ab; Hortfunde belegen, daß man nach wie vor seine Schätze und Handelswaren sicherheitshalber vergrub. Die einfachen Fluchtburgen der ländlichen Bevölkerung, die zwischenzeitlich zu Gauzentren geworden waren, sollten bald verstärkt und mit einer kleinen permanenten Schutztruppe ausgestattet werden. Allgemein unterstanden immer weiträumigere Gebiete einzelnen Territorialherren; die Wissenschaft spricht daher vom ‚Aufblühen einer sich bewußt werdenden Zivilisation' und gebraucht nun auch für unseren Norden die Begriffe ‚Königreich' und ‚König'.
Zu dieser Zeit (7.–9. Jahrh.) war bei uns Schweden am weitesten entwickelt und vielleicht auch am reichsten durch seinen sich mehr und mehr festigenden Handel über die großen Ostrouten, die schließlich nach Byzanz, Arabien und China führten. Laut Überlieferung herrschte in seinem Kerngebiet, dem Svealand, bereits seit dem 5. Jahrhundert die vom Fruchtbarkeitsgott Freyr abstammende ‚königliche Dynastie' der Ynglinger. In zahlreichen überhügelten **Bootgräbern** des 7. und 8. Jahrhunderts, die offensichtlich der Bestattung wohlhabender Stammesfürsten galten, konnten exquisite Beigaben im besonderen aus Gold geborgen werden (z.B. bei Vendel nördlich von Uppsala). Dänemark hat lediglich zwei ähnliche Funde aus dem 10. Jahrhundert aufzuweisen: das Bootgrab von *Ladby/Fünen* (sehr anschaulich restauriert, 5 km von Kerteminde) sowie die herrschaftliche Bestattung in einem Eichensarg von Mammen/Jütland: der Tote war auf Federkissen gebettet und trug golddurchwirkte Seidenkleidung und einen bestickten Mantel!
Schleswig-Holstein kann mit dem *Bootkammergrab* von Haithabu aufwarten; es könnte dem schwedischen König Olof gegolten haben, der hier um

Bootkammergrab von Haithabu

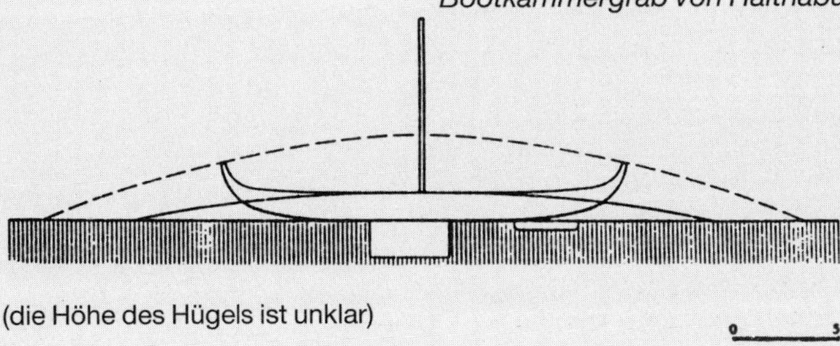

(die Höhe des Hügels ist unklar)

900 ein kleines Schwedenreich gegründet hatte. Ihm war ein schon damals wertvolles Prunkschwert aus der bereits hundert Jahre vergangenen Zeit Karls d. Gr. beigegeben worden; jenseits der Unterteilung in der sich unter dem Boot befindlichen Grabkammer lagen zwei männliche Skelette (vielleicht sein Marschall und sein Mundschenk) sowie in einer flachen Grube daneben die Knochen von drei Pferden – eins für jeden der drei Toten ...
Da auch weniger hochgestellte Personen in oder unter ihren Booten bestattet wurden und wiederum die schiffsförmige Steinsetzung um Begräbnisstätten auflebte (vor allem in Dänemark), dürfte der uralte Glaube an die Bootsfahrt der Toten in die andere Welt weiterhin bestanden haben. Hier und da scheinen auch Tote mitsamt ihrem Boot verbrannt zu sein. Solche Verbrennung soll ebenfalls auf See stattgefunden haben – da konnte der Tote dann in glorreichem Feuerschein direkt ins ewige Weltenmeer treiben ...
Die schnittigen Kielboote der Lebenden waren es, die ab 800 mit knatternden Segeln von unserem Norden her vor allem das Westmeer der damaligen Welt beherrschten – Ruhm und Reichtum raffen halfen, Verheerung und Verderb brachten – unter der Flagge der nun gerade bei den Seefahrern dominierenden kämpferischen Aspekte der Himmelsgötter: nur der Starke hat ein Recht auf Behauptung, und sie waren stark – sie, **die Wikinger**, sie konnten das Meer bezwingen! Ihre Anführer nannten sie stolz ‚Seekönige'. Die ersten der im sonstigen Europa Grauen erregenden Überfälle an Englands Küste mögen aber wohl zufällige ‚Verpflegungsstops' gewesen sein; es war Sitte, sich unterwegs Proviant zu besorgen bzw. zu erkämpfen, falls sich jemand hindernd in den Weg stellte. Verlor dieser dabei sein Leben, galt er als Schwächling und nicht wert, es besessen zu haben. Das war Wikinger-Ethik; übersetzt auf ihre Religion: eine Anbetung der Gewalt ... Die reichen Schätze aus Klöstern, die ihnen anfänglich ebenso zufällig in England mit in die Hände gefallen waren, brachten sie dann allerdings auf Geschmack – an der Beute und an der Möglichkeit, sich als ganzer Mann beweisen zu können – das Heldenideal der *Vikingr*, der Jungens aus den Buchten, die auf *Viking* fuhren.
Der ländlichen Bauernbevölkerung war das eine fremde Welt. Nicht Odin, zu dem die im Kampf Gefallenen aufstiegen, galt ihnen als oberster Gott, sondern Thor, der das Wetter machte. So überließen sie die kriegerischen Asen den Männern draußen; die Wanen aber, die alten Fruchtbarkeits- und Totengötter, gehörten zu ihnen, zum Land, wo sie Äcker, Vieh und die Ahnen seit Menschengedenken beschützten. Neben den vielen kleinen Göttern und Geistern, die überall gleichermaßen den Alltag beherrschten, hatte allerdings jeder Stamm seinen eigenen Stammesgott. Falls dieser sich als nicht mächtig genug erwies, nahm man ohne Umschweife einen anderen. Bei Zwietracht meist den der überlegenen Gegenseite, denn niemand glaubte, daß die anderen Menschen besser sein könnten – es war nur deren Gott der mächtigere. Diese Einstellung spielte letzten Endes bei der Einführung des

Christentums in unserem Norden eine Rolle. Hinzu kam der nicht vorhandene Zusammenhalt der ‚heidnischen' Priester. Sie waren nichts weiter als lokale Kultbewahrer und konnten der überregionalen Geschlossenheit der christlichen Kirche nichts entgegensetzen.
Schleswig-Holstein wurde während der **Wikingerzeit** (800–1100) von Kraftproben beherrscht, die sich dort Dani, Jüten, Sachsen und Slawen gaben; anfänglich geschürt von den beiden Gegenspielern Karl dem Großen vom Frankenreich und Danenkönig Göttrik, der im besonderen das damals im Winkel der Schlei aufblühende Haithabu als Trumpf in der Hand hatte.
Zunächst war Haithabu nur ein unscheinbares Dorf und Rastplatz nordfriesischer Überseekaufleute und Transporteure gewesen, die im 8. Jahrhundert versuchten, einen kürzeren Weg für den Ostwest-Seehandel praktikabel zu machen. Abgesehen davon, daß Landwege mehr Gefahren in sich bargen, war die Verbindung in Mitteleuropa durch das Vordringen der Slawen höchst erschwert worden und in nordsüdlicher Richtung, die Oder oder Weichsel hinunter, sogar völlig zum Erliegen gekommen. Letzteres führte zur Bedeutung des Handelsweges über Nowgorod und Kiew in die östliche Welt, den *Östervåg* der schwedischen Wikinger. Ihre norwegischen Vettern erschlossen den *Vesterveg* über die Orkney-Inseln nach Irland und weiter zur Küste Frankreichs und Spaniens.
Die deutsche Bucht der Nordsee galt als Revier der Friesen, die den Warenverkehr Mitteleuropas mit England und Skandinavien sehr aktiv von Ostfriesland und Holland aus betrieben. Im 7. Jahrhundert waren einige ihrer Stämme auf die recht menschenleeren Marschen bei den heutigen Nordfriesischen Inseln abgewandert und damit zu mehr Interesse am Ostseehandel gekommen. Aber die Kimbrische Halbinsel stellte eine Barriere dar, und die Fahrt um ihre Nordspitze herum war lang und gefährlich. So entdeckten sie eines Tages die nur 14 km breite Schleswiger Landenge zwischen dem Eider-Nebenfluß Treene und der Schlei, einem flußähnlichen Meeresarm, der 38 km tief ins Land reicht. Wahrscheinlich überwanden sie das Zwischenstück mit kiellosen Flachbooten, die noch in seichten Gewässern weitergestakt werden konnten und über trockene Landpartien vielleicht auf Baumstammrollen gezogen wurden – man weiß es nicht.
Auf jeden Fall funktionierte es, und das bemerkte auch der schon auf Höhenkurs gegangene **Danenkönig Göttrik** im ehemaligen Angelnland. Er hatte bereits alle (heute dänischen) Inseln und das Dani-Stammgebiet Schonen unter seine Oberhoheit gebracht, womit er von den durchfahrenden Fernhandelsschiffen Zoll kassieren konnte. Hier nun bot sich mit Haithabu ein Handelsplatz an, dem Marktzölle abzugewinnen waren – von Schiffen und von Wagen, da die nach wie vor bedeutende Nordsüdhandelsstraße nahebei verlief. Einzig negativ war die Nähe der Sachsen. Wenn er auch keine Gefahr in den benachbarten Stämmen sah, so doch in **Karl d. Gr.**, der schon seit

Jahren versuchte, auch die nördlichen Elbsachsen in sein westgermanisches Reich einzugliedern – und das als Christen. Wer konnte wissen, wo und ob überhaupt er eine Nordgrenze ziehen würde? Göttrik wollte es ihm zeigen. Erst einmal gab er Karl eine Kostprobe seiner unverkennbaren Stärke als Wikinger-Seekönig: noch bevor sich die Welt vom Schock der ersten Nordmännerfahrten nach England erholt hatte, überfiel er die südliche Nordseeküste mit einer Flotte von 200 stolzen Drachenschiffen! Dann gewährte er flüchtenden Sachsen Asyl und mißachtete alle Aufforderungen Karls, sie ihm auszuliefern. Ebenso kühl reagierte er 804 auf die Einladung zu einem persönlichen Gespräch mit dem inzwischen zum Kaiser gekrönten Haupt in dessen Sommerquartier, der Ringburg Hollenstedt südlich von Buxtehude: er schickte nur eine Abordnung.
Vielleicht war Göttrik auch zu sehr mit Haithabu beschäftigt, das er nun beidseitig von einem nahen Bach völlig neu anlegen ließ und zugleich als Gewerbezentrum plante. Dazu gesellte sich der Neuausbau des Danewerks. Des weiteren entsandte er Streitkräfte in das vorgelagerte dichte Waldgebiet, vor allem nördlich der Kieler Förde (dort heißt die Landschaft noch heute ‚Dänisch-Wohld'), um den südlich der Förde lebenden Slawen etwaigen Appetit auf den Norden zu nehmen.
Insbesondere da sich Karl mit diesen heidnischen Grenzstämmen in Ostholstein und Mecklenburg verbündet und ihnen die Unterwerfung der Sachsen in *Nordelbingen* überlassen hatte (Schlacht auf dem Sventanafeld 798), lancierte nun Göttrik 808/809 einige Angriffe gegen deren Küste, machte sich zwei ihrer Gaue tributpflichtig, ließ ihren König Drasko ermorden und ihr Ostseehandelszentrum Reric niederbrennen. Letzteres, damit die dortigen fremden Fernkaufleute in sein Haithabu umzögen – sie taten es! – und alles zusammen, um Karl die schriftliche Bestätigung der **Eidergrenze** zwischen den nord- und westgermanischen Machtbereichen abzutrotzen.
Karl antwortete zunächst durch die Anlage eines ersten fränkischen Kastells nördlich der Elbe, der Burg Esesfeld, zu deren Füßen 400 Jahre später Itzehoe entstand. Göttrik zog währenddessen gegen die Nordfriesen, die sich vom Küstenbereich mehr ins Inland ausdehnen wollten; er besiegte sie zwar, fand aber selber den Tod dabei (810). Ein Jahr später erhielt sein Neffe, der ihm auf dem verheißungsvollen ersten dänischen Thron folgte, das begehrte Schriftstück – und irgendwann später wurde der eigentlich unmißverständliche Grenzstein mit der Aufschrift ROMANI TERMINUS IMPERII an der Eider bei Rendsburg aufgestellt (jetzt in Kopenhagen).
Dennoch, in beiden Reichen ging es unter den Nachfolgern bergab; Dänemarks Zersplitterung dauerte sogar weit über hundert Jahre – derweil Haithabu in nur ein paar Dekaden voll erblühte und in aller Welt als ein sicherer Handels- und Umschlagplatz bekannt wurde.

Haithabu – 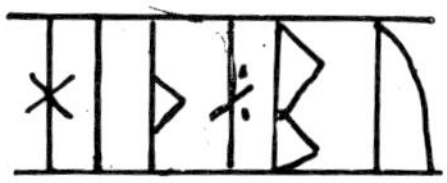

Fernhandelszentrum im Winkel der Schlei

Heute ist Haithabu ein idyllisches Stück Landschaft am Haddebyer Noor, einer kleinen Seitenbucht im hintersten Winkel der Schlei, auf der anderen Seite der Stadt Schleswig. Ein teils baum- und buschbestandener Halbkreiswall, der ehemalige ‚Stadtwall' aus dem 10. Jahrhundert, läßt noch deutlich das 24 Hektar große Areal dieses einstigen *Welthandelshafens* erkennen – Köln war damals genauso groß bzw. klein.
Nichts ist mehr zu ahnen von der Aktivität, die hier vor rund tausend Jahren herrschte, als es ein Treffpunkt von Seefahrern und Kaufleuten, Piraten und Sklavenhändlern aus mancher Herren Länder der damaligen westlichen Welt zwischen Irland und Rußland war. Es muß ein buntes Bild gewesen sein, wenn man sie sich in ihrer farbenprächtigen Kleidung vorstellt – dazwischen hünenhafte Wikingerkrieger und rechtschaffene kleine Leute – sicherlich ebenfalls Pack und Gesindel, das lautstarke Raufereien und Saufereien veranstaltete – Hundegekläff und Möwengeschrei – manche Düfte und bestimmt Gestank ... Nichts von alledem zeigt das Gemälde, das man als Postkartenreproduktion kaufen kann: da ist dieser vermutlich quirlende Ort nur eine Ansammlung von reetgedeckten Flechtwerkhäusern mit Holzbohlenweg und Ruderbooten auf der Bucht im Hintergrund – ein Vorzeitidyll, wie es in die heutige Landschaft passen würde und wie es wohl auch als Siedlung gewesen ist; das haben die intensiven Forschungen ans Licht gebracht: Steinhäuser gab es damals noch nicht. Allerdings hatte jedes Haus sein eigenes holzgefaßtes Wasserloch, was sehr fortschrittlich war; auch der Bachlauf war mit Holzbohlen befestigt.
Etwas nördlicher, am Fuß eines Moränenrückens mit noch schwachen Anzeichen der alten Fluchtburg aus der Zeit vor der Stadtumwallung, stehen heute sieben moderne, den Bootsschuppen der Wikinger nachempfundene Holzbauten. Als **Wikingermuseum** beherbergen sie all die vielen Funde von Haithabu, die durch Ausgrabungen zutage kamen und nun hier – geschickt angeordnet und mit Erklärungen versehen, das damalige Leben und Schaffen veranschaulichen. Deutlich ist der Sprung in der Entwicklung zu erkennen, den diese plötzlich weltoffen dastehende ‚Hafenstadt' gegenüber dem sonstigen bäuerlichen Land zeigte. Interessant ist das Lackprofil von einem Schnitt durch das Danewerk mit der erkennbaren Überhöhung von drei auf fünf Meter. Auch sind die vier bei Haithabu gefundenen Runensteine ausgestellt; an den ursprünglichen Standorten befinden sich nunmehr Kopien. Es sind die südlichsten der Wikinger-Region (der nördlichste ist auf den Lofo-

ten). Oben an der rechten Seite vom Skarthi-Stein steht als letztes Wort ,Haithabu'. Diese Bezeichnung kommt vom angelsächsischen *at haethum* = auf der Heide, woraus in späteren Zeiten ,Hedeby' (dänisch) und ,Haddeby' (deutsch) wurde. In den Annalen des alten Frankenreichs ist es als ,Sliaswich' und ,Sliesthorp' aufgeführt (= Bucht bzw. Ort an der Schlei), aus dem der Name seiner Nachfolgerin ,Schleswig' hervorging.

Im alten Haithabu wachte allem Anschein nach ein königlicher Vogt über den **Marktfrieden** und die Abgabe der Marktzölle. Da lokaler Handel nur eine geringe Rolle spielte und die Fernkaufleute ohnehin Bezahlung in gemünztem oder ausgewogenem Edelmetall vorzogen, hatten bereits die Friesen niederrheinische Münzen auch für Haithabu als gültig betrachtet. Ab 850 scheint dann eine Prägestätte am Ort gewesen zu sein – es war die erste in Nordeuropa. Die nun eigenen Münzen trugen vorne ein Wikingerschiff und hinten ein Tier. Trotzdem war weiterhin das Metallgewicht die Grundlage und somit eine kleine Hängewaage das wichtigste Utensil eines Kaufmannes – so wertvoll sogar, daß sie ihm als Beigabe mit ins Grab gelegt wurde.

In erster Linie trafen sich nordische Kaufleute in Haithabu – Skandinavier, Friesen und Sachsen, die jeweils über weitreichende Verbindungen verfügten und hier eine sternförmige **Verteilerposition** ausnutzten. Aus dem Norden kamen und gingen in alle Richtungen Pelze, Walroßzähne, Eisen und die sehr gefragten Specksteingefäße; vom Osten Bernstein, ebenfalls Pelze und all die exotischen Dinge aus ferneren Landen: von Gewürzen zu Seidenstoffen; aus England und Irland waren es Wollwaren, Honig und Weizen sowie Zinn und Silber; aus Frankreich Weine und Salz, das zum Pökeln von Fleisch und dem Einlegen von Fischen so wichtig war; Wein kam auch vom Rhein, Mahlsteine aus der Eifel, Tuche aus Südfriesland; Italien hatte Glas- und Tonwaren zu bieten, Waffen und Schmuck. Ferner wurden für den Norden Halbedelsteine und golddurchwirkte Stoffe importiert.

Sklaven für den Export via Haithabu ,besorgten' vor allem die schwedischen Wikinger ,von gegenüber', der slawischen Ostseeküste. Sie waren im besonderen bei den maurischen Kalifen in Spanien gefragt sowie im Franken- und dem nachfolgenden Deutschen Reich. Dort verbot zwar christliche Ethik den Sklavenhandel, doch man brauchte billige Arbeitskräfte für all die vielen Kirchen- und Burgenbauten. So wurden Juden mit Lizenzen für den Handel dieser ,Ware' ausgestattet – aber sie war knapp im Mittelmeerraum. Da wandten sie sich an die heidnischen Wikinger, und die sprangen sogar mit einigem Vergnügen in das Geschäft ein. Der Naturalwert eines Sklaven soll damals dem einer Kuh entsprochen haben, 12 Silberöre.

Die lokale Bevölkerung Haithabus hatte absoluten Anteil am Gewinn aus Handel und Wandel: einerseits als Dienstleistungsträger, zum anderen durch ihr **Handwerk** als Schiffsbauer, Zimmerer, Drechsler, Böttcher, Sattler, Töpfer, Schuhmacher, Schneider und Kammacher – Kämme aus Gebein für den

Der große Sigtrygg-Stein bei Haithabu. Im Hintergrund sind die Dächer vom Wikingermuseum sowie der hohe Turm vom Schleswiger Dom zu erkennen.

Das Haithabu der Wikinger als Hauswandschmuck in einem Jugendzentrum.

alltäglichen Kampf gegen Läuse sowie Knochennadeln waren sogar sehr begehrte Exportartikel. Kunstschmiede gab es, Metallgießereien und eine Glashütte, so daß auch einheimische Glasprodukte, ferner vor allem Bronzewaren und Filigranarbeiten von hier direkt in die Welt gehen konnten – nicht selten dem ausländischen Geschmack angepaßt, was einige Funde deutlich beweisen.
Dies mag anzeigen, daß nach wie vor ebenfalls Geistesgut über die Handelsrouten ‚transportiert' wurde. Am bedeutendsten für unseren Norden war zu jener Zeit das **Christentum**, wenn es auch vorerst noch kaum Anklang fand. Zwei Nachkommen Göttriks witterten jedoch Vorteile daraus für Haithabus Handel und erlaubten hier somit 840 den Bau eines ‚Gebetshauses'. Eigentlich war Ansgar, der erste Erzbischof von Hamburg und Legat für die Nordmission, damals zur Beschwerde über den Raubzug dänischer Wikinger gekommen, der die Hammaburg samt seiner Kirche zerstört hatte (somit Verlegung des Amtssitzes nach Bremen). Die Hafen- und Handelssiedlung vor der Burg war dabei unangetastet geblieben – Handel war den Wikingern heilig und mit allen Mitteln recht, selbst einer Kirche in Haithabu. Sie bewirkte tatsächlich einen Zustrom christlicher Kaufleute, denen nun die Furcht vor dem heidnischen Norden genommen war, und sie erhöhte auch das Ansehen Haithabus in der christlichen Welt (trotz seines Sklavenhandels).
Haithabu blühte. Ende des 9. Jahrhunderts erhielt es den schwedischen Kleinkönig Olof zum Herrn, der die Zerrissenheit im Danenland nutzte und im alten Angeln ein kleines Schwedenreich gründete. Ihm folgten sein Sohn Gnupa und dessen Sohn Sigtrygg, dem zwei der hier gefundenen Runensteine von seiner Mutter Astrid gewidmet worden waren. Der eine mit schwedischen, der andere mit dänischen Runen – vermutlich war Astrid ‚Dänin', Beide, Gnupa und Sohn, gingen schließlich mitsamt ihrem Territorium in den Machtkämpfen zwischen dem Deutschen Reich und dem jütischen Seekönigsgeschlecht von Gorm dem Alten unter. Ein wahres Tauziehen beherrschte dieses 10. Jahrhundert, und das dabei von deutscher Seite ins Feld geführte Christentum konnte zeitweilige Erfolge verbuchen.
Trotz der Wirren behauptete sich Haithabu als größter Warenumschlagplatz des Nordens. Es soll um die Mitte des Jahrhunderts 800–1000 Einwohner gehabt haben. Zu ihrem und des Handels Schutz sind dann wohl auch eine bogenförmige Mole vor das Hafenbecken und der 1,3 km lange Halbkreiswall auf der Landseite des Ortes erbaut worden. Anfang der damaligen achtziger Jahre fanden in der Umgebung heftige Kämpfe unter Gorms Enkel Sven Gabelbart statt. Einen der Runensteine hat er derzeit für seinen mit nach Westen gefahrenen, aber nun hier gefallenen Gefolgsmann Skarthi setzen lassen. ‚Westen' bedeutet England, dessen Küsten der Haudegen Sven über 30 Jahre lang regelmäßig blitzartig heimsuchte!

‚Haithabu‘ →

Runenstein von Busdorf bei Schleswig. Der Inschrift zufolge ließ ihn König Sven für seinen Gefolgsmann Skarthi errichten, der hier im Kampf um Haithabu fiel.

So einem sprichwörtlichen **Wikinger-Blitz** ist dann auch Haithabu 1050 zum Opfer gefallen: es war Harald der Harte von Norwegen, ein Prototyp und zudem der letzte der tollkühnen Wikinger-Seekönige! Alles was nicht niet- und nagelfest war, wurde auf seine Schiffe geladen, Widerstandleistende niedergemacht und die Stadt als loderndes Inferno hinterlassen! – Allerdings konnte sich der damalige Dänenkönig so fest an seine Kielwasser heften, daß er im Kattegatt jeglichen ‚Ballast‘ (sprich: alle Beute) über Bord werfen mußte, um höhere Geschwindigkeit zu erreichen und dadurch wenigstens mit trockener Haut wieder in seinen Hafen Oslo zu gelangen.
Nachdem 16 Jahre später die mühseligen Anfänge von einem neuen Haithabu im Rahmen wilder Slaweneinfälle zerstört worden waren, entschloß man sich endgültig, auch den Handel zur anderen Seite der Schlei zu verlegen, wohin bereits die meisten der Bevölkerung abgewandert waren. Daraus sollte dann Schleswig werden, die älteste richtige Stadt Nordeuropas! Haithabus Erbe in Sachen Handel mußte es aber nur allzu bald an Lübeck und die Hanse abtreten.

V. Das Christentum als politischer Faktor

Hatte man im christlichen Franken- und dann dem Deutschen Reich die Mission an die Reichsbanner geheftet, so bedienten sich im Norden die aufstrebenden Könige des Christentums zur Reichsbildung, d.h. sie duldeten anfänglich das Wirken der Missionare und ließen später die auch das tägliche Leben betreffende einheitliche und damit das Volk einigende Organisation durch die Kirchenmänner eine brauchbare Basis sein.
Für die Bevölkerung war ihre Christianisierung ein allmählicher Prozeß, nicht nur bei uns im Norden, wo kein Zwang dahinterstand. Auch im Sachsenland, das Karl d. Gr. gleichzeitig seinem Reich einverleiben wollte, bedeutete die erzwungene Taufe noch lange keine Bekehrung. Dort, wie bei uns, lebten die Menschen nach wie vor als freie Bauern, opferten den alten Göttern, trafen sich zum Thing und hatten außer ihren Territorialherren oder Stammesfürsten keine einheitliche obere Führung. Letztere kam zu den Sachsen durch die Eingliederung: sie wurden ‚Steuerzahler' im Frankenreich. Nördlich der Eider hinkte die Staatenbildung mit Übergang zum Christentum und dem Lehnswesen samt Abhängigkeit der Bauern nach, aber sie lag in der Luft. Hatten doch die Seefahrer das angelsächsische Königreich mehr oder weniger als Beispiel vor Augen, ferner die Entwicklung zum ersten Beamtenstaat Europas im Herzogtum der Nordmannen (Normandie) – natürlich berichteten sie davon zu Hause.
So bemerkte man auch in der Heimat, daß eine neue Zeit anbrach; und daß darin ein neuer Obergott herrschen sollte, war verständlich. Hinzu kamen Beweise für die Machtlosigkeit der alten Götter bei diesem Wandel bzw. für ihr Einverständnis. Missionare konnten z.B. heilige Eichen Odins fällen, ohne daß sie der Blitz Thors strafte. Ganz natürlich war die Taufe vom Sachsenherzog Widukind nach verlorener Schlacht gegen Karl d. Gr.: dessen Gott war der stärkere, und so wandte man sich diesem auf althergebrachter Sitte zu. Viele ließen sich nur erst *mit dem Kreuz bezeichnen*, was eine gewisse Gültigkeit hatte, und hoben sich die Taufe für ihre Sterbestunde auf, um dann ‚gewaschen durch das Bad des Heils die Pforten des ewigen Lebens unverzüglich zu durchschreiten', wie es die Kirche ausdrückte. Wahrscheinlich war es mehr aus Angst vor dem immer noch unheimlichen Tod.
Manche gerieten in Gewissenskonflikte, in einen Zwiespalt mit ihren Ehrbegriffen Treue und Gefolgschaft in bezug auf die alten Götter und den neuen Glauben. Die Wikinger draußen sahen letztlich ein, daß in einer christlich und staatlich geordneten Welt kein Platz mehr für Odins Söhne war; aber die Landbevölkerung konnte ihre Fruchtbarkeits- und Totengötter nicht einfach ad acta legen – zu lange hatten sie ihnen Schutz und Halt gegeben. Kompromisse wurden gesucht. Und da man allgemein auf ganz freundschaftlicher Ebene mit den Über- und Unterirdischen stand, scheinen sie es auch nicht

Denkmal für Ansgar, den Apostel des Nordens, auf der Trostbrücke in Hamburg. Er war 831 zum ersten Bischof der späteren Hansestadt geweiht worden.

übelgenommen zu haben, in die Welt des Volks- und Aberglaubens degradiert zu sein – manche leben dort noch heute. Doch um mit dem Christengott ebenso vertraut wie mit den alten Göttern zu werden, mußte man mehr als nur die Tatsache seiner von den Missionaren verbreiteten Existenz wissen. Hier sollten vor allem jene Freunde und Nachbarn helfen, die von auswärts heimkehrten, wo sie unter Christen gelebt hatten und meist schon selber zum Christentum übergetreten waren. Sie erzählten von Jesus und christlicher Lebensart und führten Vergleiche zum alten Glauben an, was die Missionare nicht konnten, weil sie ihn ja nicht kannten. Zum Beispiel, daß St. Georg, der den Drachen tötete, nicht anders als Siegfried oder Sigurd war, der dasselbe tat. Und daß das ‚Jüngste Gericht' dem heidnischen *Ragnarök*, der Schicksalsstunde aller Mächte, entspräche. Das machte die Sache dann gar nicht mehr so fremd. Und durch das wirkliche Verstehen des Evangeliums verblaßte und verschwand schließlich die alte Götterwelt.

Schon Karl d. Gr. (768–814) hatte in seinem Frankenreich Bischöfe und Äbte mit Land und Stimmrecht belehnt, damit sie wie weltliche Herren wirken konnten. Denn sie waren nicht nur in Glaubensfragen bewandert; sie kannten sich ebenfalls in Handel, Handwerk und Landwirtschaft aus, wußten im Krieg das Schwert zu führen und im Frieden die Menschen. Er brauchte sie auf seiner Seite als Gegengewicht zu den Territorien beherrschenden Stammesfürsten, denen die eigene Selbständigkeit eigentlich näher lag als die Reichsidee. 150 Jahre später verlieh Otto d. Gr. (936–973) sogar den drei von deutscher Seite in Dänemark eingesetzten Bischöfen ‚Reichsfreiheiten'. Sein Vater hatte König Gnupa von Haithabu den christlichen Glauben aufgezwungen sowie eine Tributpflicht für das Danewerkvorland bis zur Eider und der Landschaft Dänisch-Wohld nördlich der Kieler Förde. Er hatte das ‚Sicherung der Nordgrenze' genannt, erklärte dieses absolut außerhalb des Reichs, jenseits des Grenzflusses gelegene Gebiet zur *dänischen Mark* und ließ da sächsische Bauern ansiedeln.

Die Machtlosigkeit der sozusagen dänischen Könige gegenüber der in den deutschen Herrschern vereinten staatlichen und kirchlichen Gewalt dürfte dann **Harald Blauzahn** aus dem jütischen Königshaus (ca. 940–985) bewogen haben, durch seine eigene freiwillige Taufe einen Kräfteausgleich einzuleiten. Diese heilige Handlung soll 966 an dem kleinen Flüßchen Helligbek zwischen Schleswig und Flensburg stattgefunden haben und nach deutschen Chroniken durch den damaligen Bischof Poppo von Sliaswich (Haithabu) ausgeführt worden sein. Allerdings hatte sich dieser vorher noch einer Feuerprobe auszusetzen (er mußte glühendes Eisen anfassen), um Harald tatsächlich von der Stärke des Christengottes zu überzeugen. Nahe der Stelle an der HELLIGBEK befindet sich ein Hünengrab, das im Volksmund *Taufstein* oder *Poppostein* genannt wird und so auch beim Parkplatz an der B 76 ausgeschildert ist. Er zählt zu den Langdolmen, der zweite Deckstein fehlt; auf dem vorhandenen sind ein paar ‚Schälchen'.

Als *steinerne Taufurkunde* aller Dänen bezeichnet man heute den großen dreiseitigen Granitblock, der wuchtig vor der kleinen Kirche von JELLING in Mitteljütland steht und das früheste Christusbild in unserem Norden trägt (Kopie im Innenhofgarten vom Nationalmuseum Kopenhagen). Harald hatte den Stein ursprünglich zum Gedenken an seine Eltern, Gorm den Alten und Thyra, errichten lassen, wie auf der Hauptfläche zu lesen ist. Offensichtlich kamen die Ausschmückung der beiden anderen Seiten im damaligen Mammen-Tierkunststil und die Erklärung zu seiner Person erst später hinzu: „Jener Harald, der ganz Dänemark und Norwegen gewann und die Dänen zu Christen machte." Diese Behauptungen dürften weniger den Tatsachen als mehr seinem eigenen Wunsch nach politischer Macht und Anerkennung entsprochen haben.

Ein Dorn im Auge war ihm natürlich die deutsche Präsenz in der *Dänischen*

Der Jellingstein mit der frühesten Christus-Darstellung im Wikingerland. Links mag das mit einer Schlange kämpfende Tier die Auseinandersetzung des Christentums mit der hiesigen heidnischen Religion symbolisieren.

Mark, die Otto d. Gr. 947 und nochmals dessen Sohn 974 mit Waffengewalt behaupteten. Denn obwohl Harald mittlerweile die Schweden um Haithabu erfolgreich vertreiben konnte, mußte er wie selbstverständlich in deren Tributpflicht einsteigen. Sein Sohn **Sven Gabelbart**, ein hartgesottener Wikinger-Seekönig, warf ihm Verweichlichung durch das Christentum vor und nahm den Kampf dann ungeachtet von ‚Nächstenliebe' oder Gehorsamgebot zu einem kaiserlichen Oberlehnsherrn in eigener Regie auf. Er selber war ein überzeugter Nicht-Christ und verfügte zudem über eine ansehnliche Gefolgschaft, die ebenso nichts von dem neuen Glauben hielt. Um 983 hatten sie das Danewerkvorland bis zur Eider wieder fest in dänischer Hand und gingen daraufhin offen gegen ihren christlichen König Harald vor – verbannten ihn nach Seeland, wo er etwa zwei Jahre später eines ‚schmählichen Todes' starb (Sohn Sven soll kaum unschuldig daran gewesen sein).
Nicht, daß die Christen nun unter König Sven (985–1014) verfolgt wurden. Das Seelenheil der kleinen Leute war ihm egal. Er hatte ein hehreres Ziel: im Kampf um England wollte er von den Walküren als der Tapferste unter den

tapferen Toten ausgewählt werden, um in Walhall den Ehrenplatz neben Odin zu erhalten ... Statt dessen erhielt er den angelsächsischen Thron angeboten, doch noch vor der Krönung starb er (unrühmlich) durch Sturz von seinem plötzlich scheuenden Pferd.
Während sich Svens Sohn, der als **Knut der Große** und christlicher König von Dänemark, England und Norwegen (1016–1035) in die Geschichte einging, mit der abermals bestätigten Eidergrenze zufrieden gab und Haithabu eine Bischofskirche stiftete, erreichten seine Nachfolger durch direkte Verhandlung mit dem Papst auch in kirchlicher Hinsicht die Unabhängigkeit des Nordens vom Deutschen Reich bzw. dem Erzbistum Hamburg-Bremen. Nördlich der Eider blickte man nach Westen. Nicht nur die meisten der Missionare waren aus England gekommen, auch sonstige Einflüsse. 1104 wurde Lund im damals dänischen Südschweden zum ersten Erzbischofssitz Skandinaviens. Dennoch blieb der Südzipfel, Schleswig, mit dem Geschehen im Nordzipfel des deutschen Herzogtums Sachsen (Holstein) verwoben.
Im 11. und 12. Jahrhundert waren **die Wenden** der Grund dafür – so werden hier bei uns die Slawenstämme an der südlichen Ostseeküste genannt. Ihre Bekehrung galt der deutschen Reichspolitik als löblicher Vorwand für Territorialmachtgewinnung und Tributeinheimsung, denn selbst christlichen Wendenfürsten wurde eine deutsche Oberlehnsherrschaft aufgezwungen. Trotzdem brachte dies Zeiten freundlicher Nachbarschaft mit den Elbsachsen. Aber nur zu bald machten sich jeweils anders denkende Elemente im Wendenland bemerkbar, wie z.B. unter **Fürst Kruto** in Mecklenburg, der weder an Christus noch an die ‚gottgewollte' Herrschaft der deutschen Kaiser glaubte. Er sah nur die lastenden Tributzahlungen sowie den abzugebenden Kirchenzehnten und betrachtete die Taufe als Symbol der doppelten Vernichtung freier Stammeskultur. Jede Gelegenheit nahm er wahr zu hetzen und zu handeln. 1066 war der Sturz des stark in Reichsgeschäften und Wendenmission engagierten mächtigen Erzbischofs Adalbert von Bremen so eine Gelegenheit. Zunächst wandte sich Kruto gegen die Christen im eigenen Land, dann gegen alle jenseits der Grenzen. Es kam zu jenem vierten ‚Wendensturm' des Jahrhunderts, der Haithabu endgültig vernichtete und Holstein wieder einmal schwer verwüstete. Die verängstigte Bevölkerung drängte sich in den über das Land verstreuten Burganlagen – nicht alle hielten den Angriffen stand. (Der erhaltene Ringwall der BÖKELNBURG könnte Ihnen einen kleinen Eindruck so einer Fluchtburg vermitteln; er umschließt heute den Friedhof der Stadt Burg/Dithm.).
„Nun danket alle Gott" – hätte es diesen Choral schon damals gegeben, niemand würde ihn 1066 in Nordelbingen gesungen haben ...
Als einen der ersten hatte es Krutos christlichen Großfürsten Gottschalk getroffen: in der Kirche zu Lenzen an der Elbe erschlug man ihn rohlings – zusammen mit noch anderen, die schutzsuchend in das Gotteshaus geflüchtet

waren. Dann wurde der aus dem St. Georgsbergkloster bei Ratzeburg fliehende **Abt Ansverus** nach nur wenigen Kilometern eingeholt und mit den ihn begleitenden 26 Mönchen zu Tode gesteinigt. Ein keltisches Radkreuz aus gotländischem Kalkstein steht noch heute an der Stelle (am Campingplatz bei EINHAUS an der alten Landstraße nach Lübeck, errichtet im 15. Jahrhundert). Im *Ratzeburger Dom* ist der später heiliggesprochene Ansverus im Apostelschrein dargestellt, mit drei Steinen in der Hand als Zeichen seines Martyriums; ein Tafelbild im nördlichen Seitenschiff erzählt aus seinem Leben. Schließlich veranstaltete Kruto persönlich eine recht heidnische Siegesfeier, für die der greise Bischof Johannes und alle sonstigen in die Mecklenburg geflohenen Christen als Opfergabe zur Ehre des Obergottes Redigast aufgespart worden waren.
Im deutschen Reich lag es damals unter dem erst 16jährigen Heinrich IV. (1056–1106) so im argen, daß sich dort niemand um den Norden kümmern konnte und die nordelbischen Sachsenstämme die nun von Kruto aufgezwungene Tributpflicht alleine durchstehen mußten. Ihre Rettung kam durch Gottschalks Sohn Heinrich, der von seiner Mutter, einer dänischen Königstochter, am dänischen Hof christlich erzogen worden war. Herangewachsen startete er schließlich mit dänischer Hilfe eine Reihe Überfälle auf die wendische Nordküste (beim *Wagrien* genannten Ostholstein), und mit Hilfe der jungen Frau des alternden Kruto konnte er diesen dazu bringen, ihm dort offiziell Land abzutreten – als Dank beförderte ihn ein wohlgezielter dänischer Axthieb ins Jenseits, und Heinrich heiratete die Witwe (1090). Dies freute nur die Wagrier; die Polaben im Lauenburgischen und die Obotriden in Mecklenburg machten Schwierigkeiten, abermals einen christlichen Großfürsten zu akzeptieren. So schloß Heinrich Friedensbünde mit den Holsten, Stormaren und Dithmarschern, schwor dem Sachsenherzog aus freien Stücken den Treueid und hatte damit auch Unterstützung im Waffengang. Mit vereinten Kräften konnten sie 1093 den Sieg auf der Schmilauer Heide bei Ratzeburg erkämpfen, und Heinrich galt nunmehr sogar als **König aller Wenden** – zunächst zwischen der Schwentine und der Peene, später, nach Bezwingung der Ranen auf Rügen, bis nach Pommern hinein.
Für die vielen der noch im alten Glauben Verwurzelten hatte sich hier zwar der Sachsengott Christus als der stärkere erwiesen, aber nur manche adoptierten ihn. Den meisten mag der christliche Glaube ihres neuen Herrn als ausreichend für das Wohl des Volkes erschienen sein; in ihrem eigenen kleinen Bereich hielten sie ihren angestammten Göttern die Treue, und das wiederum billigte auch Heinrich. Er wollte Frieden in seinem Land und glaubte, ihn durch ein friedliches Nebeneinander beider Religionen untermauern zu können. Ansonsten versuchte er, westliche Kultur und Fortschritt einzuführen, womit sich die Glaubensfrage vermutlich von selbst regeln würde; ein Heidentum mit Menschenopfern paßte nicht dazu.

Gedenkstein auf dem Gelände von Alt-Lübeck. Nach hinten sieht man die kenntlich gemachten Grundmauern der ersten Kirche hier am Ort.

Als Residenz baute er seines Vaters Ringwallburg bei Lübeck wieder auf – *Liubice*, die Schöne, sächsisch *Lubeke* und heute ALT-LÜBECK genannt. Ein Fußweg führt vom ehemaligen Bahnhof Schwartau-Waldhalle zu der inzwischen stark verschliffenen Wallanlage auf der Landzunge bei der Einmündung der Schwartau in die Trave. Ausgrabungen bestätigen Beschreibungen in alten Chroniken, denen zufolge sich an der Südseite des Walles eine offene Siedlung und ein Handwerkerviertel mit Kaianlagen anschloß; auf dem anderen Traveufer war eine Kaufmannssiedlung, die die Vermutung bestärkt, daß Heinrich dort ein neues Haithabu ins Leben rufen wollte. Innerhalb des etwa 100 m diagonal messenden Ringwalles, der einen Holzkern besitzt und von Palisaden gekrönt war, kamen Anzeichen von mehreren Häusern, Stallungen und einem Brunnen zutage sowie die Fundamente von zwei übereinander errichteten kleinen Kirchen – die von Gottschalk und die Erneuerung von Heinrich. Es handelte sich jeweils um einen rechteckigen Feldsteinbau mit halbrunder Apsis – die ersten Steinkirchen im Wendenland. Das obere Fundament ist heute freigelegt und eingezäunt (damit man die Stelle erkennt, falls Regen und erhöhtes Grundwasser hier einen Teich schufen).

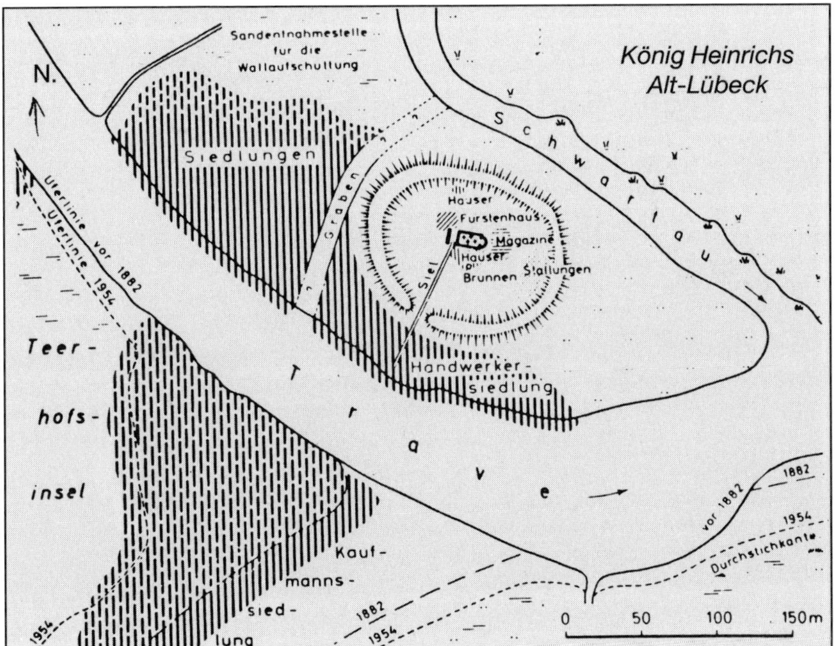

König Heinrichs Alt-Lübeck

Nach Heinrichs Tod 1127 traten erneut heidnische Widersacher hervor. Der seit 1115 im späteren Herzogtum Schleswig als militärischer Statthalter (*jarl bzw. laward*) eingesetzte dänische Königssohn **Knut Laward** sah darin eine Chance für seine ehrgeizigen Pläne und ließ sich zusätzlich vom Sachsenherzog mit Heinrichs Stammland Wagrien belehnen. Das war damals Lothar von Supplinburg, ab 1125 deutscher König, ab 1131 Kaiser. Auch dieser hatte bereits 1111 zur Sicherung gegen die Wenden den Holstengau mit Stormarn und Hamburg zu einer weitgehend selbständigen Grafschaft erhoben und dort seinen Gefolgsmann **Adolf von der Schauenburg** auf dem Nesselberg an der Weser eingesetzt. Fast 350 Jahre lang sollte das Geschlecht in Holstein wirken – daher das weiße Nesselblatt im heutigen Wappen Schleswig-Holsteins (die beiden Löwen entstammen dem dänischen Königsschild). Als erste bedeutende Tat einer sich anbahnenden schauenburgischen Landesherrschaft gilt die Aushebung von Knuts Arbeitstruppe am Segeberger Kalkberg, die dort im Grenzgebiet zu Holstein eine Burg erbauen sollte ... ein Sprungbrett zur Einverleibung Holsteins? Das dänische Königshaus witterte ebenfalls Gefahr von Seiten Knuts – man ließ ihn ermorden (1131). Drei Jahre später rächten sich seine ihm treuen Schleswiger und schickten König Niels in den Tod. Die Thronwirren brachten ihnen schließlich 1148 Knuts Sohn, den späteren König **Waldemar I.** (d. Gr., 1157–1182) als Landesherrn. Dem Anschein nach hatte es Knut Laward kaum auf die Königsmacht abgesehen gehabt, sondern auf die geringere, doch vielleicht bedeutendere Herzogsgewalt in einer sächsisch orientierten Pufferzone zwischen Dänemark und Deutschland, gedacht als Bindeglied der nord- und westgermanischen Welt. Entsprechende Ansätze waren in seinem schleswigschen Territorium,

Das Wappen zeigt die königlichen Löwen Dänemarks und das Nesselblatt der Schauenburger.

das bis 1920 zur Königsau nördlich von Ribe und Haderslev hinaufreichte, deutlich zu erkennen. Er hatte Sachsen als Berater, holte sächsische Handwerker ins Land (sächsische Bauern gab es bereits im südlichen Teil Schleswigs) und bevorzugte selber sächsische Kleidung und Sitten. Er war sehr beliebt gewesen. Auch das *deutsche Gesicht* der nun als Nachfolgerin Haithabus voll erblühenden Handelsstadt *Sliaswich* geht auf Knut Laward zurück. Als Residenz hatte er sich die Jürgensburg auf der sagenumwobenen Möweninsel in der Tiefe der Schlei erbauen lassen. Aus der ersten bischöflichen Burg am Ort ging später das *Herzogsschloß Gottorf* hervor, worin sich heute das Schleswig-Holsteinische Landesmuseum befindet.
Im Deutschen Reich löste 1137 der Tod Kaiser Lothars durch die umstrittene Nachfolge in seinem Herzogtum Sachsen den bekannten Kampf zwischen Welfen und Staufern aus. Diese Uneinigkeit nutzte hier im Norden insbesondere **Pribislaw**, ein slawischer Neffe vom Wendenkönig Heinrich, der sich bereits nach Knut Lawards Tod zum Herrn über Wagrien und Polabien aufgeschwungen hatte. Als erbitterter Gegner des Christentums fiel er nun in alter Sitte brennend und mordend in Holstein ein. Diesmal zwang jedoch keine Oberlehnshoheit die Nordelbinger zum stillen Dulden: sie sammelten ein Heer und unternahmen Vergeltungsschläge, die den Verwüstungen der Wenden in keiner Weise nachstanden – ihr gesamtes Ostholstein wurde zur Einöde. Die Zerstörung Alt-Lübecks ging allerdings auf das Konto von einem Nachkommen Krutos, der Pribislaw in den Rücken gefallen war.
1142 wurde Sachsen dem jungen Welfensohn **Heinrich dem Löwen** zugesprochen. Zielbewußt folgte er den Spuren seines Onkels, Kaiser Lothar, der als ‚Sachsenherzog Lüder' mit der Slawenbekehrung Hausmachtpolitik betrieben hatte. Erst einmal verleibte er Wagrien in die Grafschaft Holstein ein und schuf im alten Polabien die neue Grafschaft Ratzeburg für Heinrich von Badewide, den die Gegenpartei zwischenzeitlich als Grafen von Holstein eingesetzt hatte; doch da wünschte er weiterhin die Schauenburger – allerdings nicht als Herren ihrer neuen Handelsstadt Lübeck. Deren Lage wie ein Tor im Winkel der Ostsee, die *Hinnerk de Leu* zu einem deutschen Meer machen wollte, sollte nur ihm, dem Herzog, zunutze sein.
Entgegen dem damaligen Zeitgeist verspürte der Löwe keine Meinung zu Kreuzzügen ins Heilige Land; er schlug den Reichsfürsten statt dessen die Region der heidnischen Ostseeslawenstämme als Ziel vor und fand damit Anklang. Aber während sich das Heer 1147 bei Magdeburg sammelte, überfiel der Obotridenfürst **Niklot** von Mecklenburg die im Lübecker Hafen ankernde Versorgungsflotte, jagte Reiterscharen durch das östliche Holstein und ließ die dortigen Anfänge einer Neubesiedlung in Flammen aufgehen. Der Kreuzzug wurde ein Fiasko. Erst rund 20 Jahre später und im Verein mit den Dänen konnten die Wenden endgültig unterworfen werden und die deutsche Kolonisation und ‚Regermanisierung' Richtung Osten voranschreiten.

Kirchen geben Zeugnis der Zeit

Was für uns am Rand der Ferienstraßen durch den Norden von dieser Entwicklung interessant ist, das sind die frühen Kirchen, die nun während des 12. und Anfang des 13. Jahrhunderts in romanischem Stil erbaut wurden – etwa 300 im heutigen Schleswig-Holstein (im fast dreimal so großen Dänemark über 2000). Durch anfängliche Unterschiede und spätere Ausbauten, vor allem in der bei uns durch roten Backstein geprägten Gotik, sind hier keine zwei der alten Gotteshäuser gleich! Schauen Sie genauer hin und machen sich diese ‚gleichartige Verschiedenheit' bei Ihren Ausflügen zum Steckenpferd. Als Faustregel gilt: Romanik hat Rundbögen, Gotik bringt Spitzbögen; Ziegelsteine wurden schon ab Mitte des 12. Jahrhunderts verwendet.
Zu allererst gab es natürlich überhaupt keine Kirchen. Die Missionare zogen mit tragbaren Altären umher und markierten den Ort ihres Gottesdientes zunächst mit einem hölzernen Kreuz, dann mit einem aus Stein gehauenen. Häufig plazierten sie es für alle besser sichtbar auf einem alten Grabhügel – die Götter duldeten es schweigend und deshalb auch die Menschen. Die Missionare ahnten nicht, wie deutlich sie damit die Aufpflanzung des neuen Glaubens auf den alten gemacht hatten. Ebenso half ihnen die notgedrungen unter freiem Himmel abgehaltene Verkündigung der ‚wahren Lehre' – den alten Göttern wurde auch in der freien Natur gehuldigt. Daß dann für den neuen Gott ein Haus gebaut werden sollte, wurde als verständlicher andersartiger Rahmen des neuen Kults empfunden.
Trotzdem fand man nur langsam den Weg zum Christengott. Schneller war das Vertrauen zu seinen Vertretern auf Erden zu fassen, die so vieles wußten und konnten, das das tägliche Leben, die Arbeit, erleichterte. Sie halfen den Notleidenden und lehrten die Interessierten lesen und schreiben in ihrer lateinischen Schrift; für die Runen hatten sie kein Verständnis. Nun ja, sie brachten Fortschritt – wenn die Kirche sich auch ihr Wirken bald durch Abgabe eines jeden zehnten Teils der Getreideernte und des neugeborenen Viehs bzw. den Wert desselben bezahlen ließ. Ein Drittel davon wurde für den Kirchenbau zur Verfügung gestellt, aber es reichte nicht aus, so daß Patronatsherren gefunden werden mußten. Viel hing vom Einfluß des Bischofs ab und der unter seiner Leitung stehenden Ausbildung lokaler Geistlicher, die hernach als Gemeindepfarrer wirken konnten.
Den Anfang haben überall **Holzkirchen** gebildet; keine blieb mehr davon erhalten. Nur in alten Chroniken sind noch Hinweise zu finden, wie z.B. über eine Holzkapelle, die in der Fastenzeit des Jahres 1103 als erstes Gotteshaus auf der Halbinsel Eiderstedt, damals Spadenlant genannt, errichtet wurde. Als einziges Überbleibsel kann eine verzierte Wandplanke gelten, die in dem steinernen Nachfolgebau in *Humptrup*/Nordfriesland als Sitzbrett Verwendung gefunden hatte. Trotz des schlechten Zustands ist die ursprüngliche

Reetgedecktes Glockentürmchen und traditionelle Fachwerkkaten – ein Stück Vergangenheit am Straßenrand beim Gut Damp in Schwansen.

Schnitzerei im Wikinger Urnes-Stil zu erkennen und weist somit deutlich in den Norden und die Mitte des 11. Jahrhunderts. Auch lassen Zeichnungen und entdeckte Grundwerkreste erkennen, daß die Bauweise dieser frühen Holzkirchen absolut an die Wikinger-Pfosten/Planken-Häuser anknüpft, es also weder Blockhütten noch Holzgerippe-Konstruktionen waren.
Doch in das Konzept der Kirche gehörten **Steinbauten** – gemäß der Auslegung von Jesu Worten, daß er seine Gemeinde auf Felsen bauen wolle (Matthäus 16, Vers 18). Die Materialbeschaffung war allerdings in unserem gesteinsarmen Land nicht ganz einfach oder gar kostspielig; nur die reichsten Bauherren konnten schwedischen Granit, rheinischen Tuff oder Wesersandstein importieren. So griff man zunächst allgemein, wie schon unsere Hünengrabbauern, auf die von den Gletschern mitgeführten Steine zurück, vor allem jene kleineren Findlinge, die in den Feldern umherlagen und die Ackerbestellung ohnehin störten. Auch die einzelnen mittelgroßen Brocken von Steinkreisen und Schiffssetzungen der Vorzeit sowie Bautasteine fanden teils grob zerkleinert Verwendung. Und wie man solche Feld- und ‚Hausteine' mit Mörtel zu Mauerwerk verband, war auch eine der Praktiken, die mit dem Christentum zu uns gelangte und in der ausgehenden Wikingerzeit gleichermaßen zum Bau von Burgen, Wacht- und Wehrtürmen angewandt wurde.

In unserem Gebiet im Winkel der westlichen Ostsee waren die vor allem beutehungrigen und christenfeindlichen Slawenstämme die Gefahr. Von den großen ‚Wendenstürmen' durch Holstein hatten zwei auch durch das südliche Schleswig gefegt (1043, 1066), so daß dort daraufhin eine bessere Sicherung des Landes mit dem Bau einer Kette von **Wehrtürmen** erreicht werden sollte. Es waren Rundbauten, die weniger Angriffsfläche als eckige boten. In den meist zwei Zwischenstockwerken konnte die Bevölkerung gegebenenfalls Schutz finden. Einigen dieser Türme wurden bald Kirchen angehängt. Das beste Beispiel dafür ist in OEVERSEE an der B 76 etwas südlich von Flensburg zu sehen. Des weiteren sind solche Türme nur in KOSEL und in SÜDERSTAPEL nach Zerstörung wiederhergestellt und noch mit ihren alten Kirchen wie auch in Oeversee vorhanden.
Dort bei Oeversee, das am alten Südhandelsweg lag, zweigte derzeit die Querverbindung zum damaligen ‚Überseehafen' Tönning an der Eidermündung ab, der auch für die allmählich einsetzenden Pilgerfahrten nach Rom und Jerusalem eine Rolle spielte. In Oeversee soll es Rastquartiere gegeben haben, und so ist es nicht verwunderlich, daß die dann dem Wehrturm angebaute Kirche dem heiligen Georg – bei uns Sankt Jürgen genannt, dem

Der Wehrturm von Oeversee mit der ihm angebauten Kirche.

Auch der Kirchturm von Kosel war ursprünglich ein Feldsteinbau, wurde jedoch nach starker Beschädigung in Backstein erneuert.

Schutzheiligen der Reisenden, geweiht wurde. Sie ist anscheinend in der ersten Hälfte des 12. Jahrhunderts erbaut worden, ebenfalls aus Feldsteinen und mit einer flachen Holzbalkendecke. Um 1500 wurde sie eingewölbt und mit Fresken versehen, die jetzt unter späteren Bemalungsschichten wieder hervorgeholt werden konnten (wie in vielen anderen Kirchen auch). Einen Zugang vom Turm zur Kirche gab es ursprünglich nicht, und das zwischenzeitliche Zeltdach bekam eine Barockhaube, deren geometrische Musterung durch zweifarbige graue Schindeln sehr apart wirkt.

Olderup bei Husum.

In Schwabstedt thront der Glockenturm auf einem Grabhügel der Bronzezeit.

Frühe Kirchen – ihre Glocken hingen in einem offenen Gestell daneben, das später mit Holz verschalt wurde.

In Brodersby/Angeln wurde die Glockenverschalung der Kirche angebaut.

Die schönsten der von vornherein als **Wehrkirchen** geplanten Rundbauten sind auf der *Insel Bornholm* erhalten geblieben: Kirchenraum unten, Schießscharten oben, Proviantlager und Fluchtetage dazwischen. Auf dem Festland gibt es lediglich noch in Dänemark drei **Rundkirchen**, die in ihrer Architektur der sächsischen Burgkapelle entsprechen und im gesamten Grenzraum zu den Slawen, von Skandinavien bis zu den Alpen, nachzuweisen sind: statt eines wuchtigen Mittelpfeilers, der Besonderheit von Bornholm, stehen da vier Säulen, deren Quadrat sowie der Umgang zur Außenmauer hin von Kreuzgewölben überdeckt sind. Die Kirche von *Horne* auf Fünen liegt unserem Gebiet am nächsten. Mit ihrem heute weißgetünchten Feldsteinmauerwerk ähnelt sie äußerlich den Wehrkirchen Bornholms, jedoch verliert sich hier dieser Rundbau fast völlig zwischen den späteren Anbauten. Die Rundkirche von *Bjernede* auf Seeland bewahrte den Stil am reinsten, wurde aber in ihrer oberen Hälfte bereits in Backstein ausgeführt.
Ansonsten hat Schleswig-Holstein eine einzige der frühen einfachen romanischen **Pfarrkirchen** aus der Zeit vor der großen Bauperiode (1150–1250) aufzuweisen. Dieses kleine Gotteshaus in OLDERUP nordöstlich von Husum scheint um 1100 erbaut zu sein, aus Feldsteinen mit hölzerner Flachdecke. Es besteht nur aus zwei Elementen, Schiff und eingezogenem (schmälerem) Kastenchor; eine vollständige Pfarrkirche hat vier Elemente, d.h. plus Apsis und Glockenturm. Bei uns im Norden stand dieser Turm meistens als Holzgestell abseits, weil das Schwingen größerer Glocken innerhalb der Kirchenmauern Einsturzgefahr in sich barg. Später kam eine hölzerne Verkleidung hinzu, und in dieser Form ist der Glockenturm auch noch in Olderup vorhanden. In SCHWABSTEDT, südöstlich von Husum, thront er übrigens auf einem bronzezeitlichen Grabhügel direkt neben der dortigen Feldsteinkirche von etwa 1200. Manchmal wurde so ein Holzturm für die Glocke auch der Kirchenwestwand angesetzt, wie z.B. bei der aus dem letzten Drittel des 12. Jahrhunderts stammenden Feldsteinkirche von BRODERSBY an der Schlei. Im Innern der Kirche kann man übrigens einen mitvermauerten alten ‚Schalenstein' sehen. Altersbestimmend ist bei diesen frühen Kirchen der Durchgang vom Schiff zum Chor: in Brodersby spannt sich bereits ein weiter Bogen, im älteren Olderup nur ein portalartig schmaler, der in seiner Art nach England weist und damit auf die Herkunft der ersten Steinbaumeister bei uns im Gebiet nördlich der Eider. Ferner liegt die Vermutung nahe, daß der Vorläufer von diesem der Gemeinde recht verschlossenen Chor, dem Altarraum, das kleine Bethaus der Missionsgeistlichen des 10. Jahrhunderts war.
Ein weiteres interessantes Beispiel einer gleichfalls sehr frühen Pfarrkirche wäre in *Starup* an der Förde bei Haderslev anzusehen: sie wurde aus örtlich gebrochenem Kalksinter erstellt. Dies ist eine Art Tuffstein, die im Volk als erhärteter Meerschaum gilt und von Gott extra für den Kirchenbau in unserer gesteinsarmen Region geschaffen wurde ...

Näherbei sind die im gewissen Sinne ähnlichen **Granitquaderkirchen** in Angeln: MUNKBRARUP, HUSBY, SÖRUP und NORDERBRARUP. Sie entstanden im letzten Drittel des 12. Jahrhunderts, waren vom dänischen König bzw. dem Herzog von Schleswig gestiftet und offensichtlich durch Steinmetzen der Schleswiger Dombauhütte erstellt worden. Richtungweisend sind die Portale, die zweifellos das um 1175 entstandene Petriportal des Doms zu Schleswig zum Vorbild hatten. Im besonderen gilt die Kirche von *Sörup* als kleinere, ländliche Ausgabe der damaligen Bischofskirche; auffallend ist die gepflegte Bearbeitung des Gesteins (der Turm ist späteren Datums).

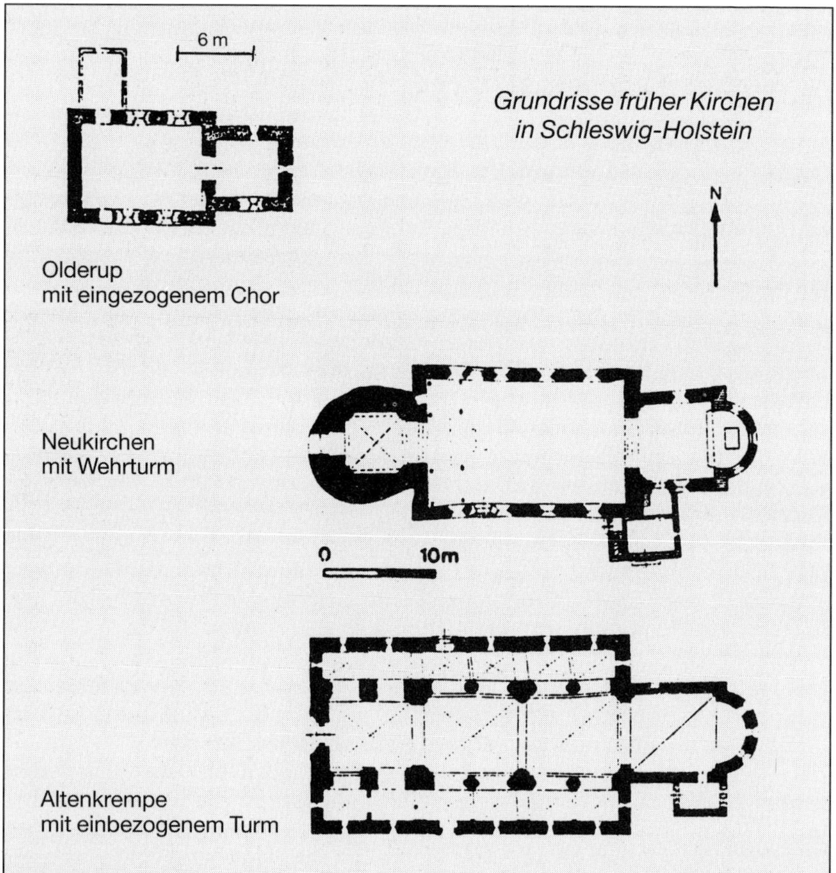

Grundrisse früher Kirchen in Schleswig-Holstein

Munkbrarup: Hier zeigt vor allem das Südportal seine Verwandtschaft.

Die Granitquaderkirchen in Angeln entstanden getreu ihrem Vorbild, dem Dom zu Schleswig.

Sörup: Apsis mit Blindarkaden in besonders sorgfältiger Ausführung.

Durch die noch unter Knut Laward angesiedelten Neubauern blühte vor allem das Schleswiger Hinterland auf und hatte dann geistlich versorgt werden müssen. Ebenfalls zur allgemeinen Verwaltung steckten Landesherr und Bischof gemeinsam Kirchspiele ab. Noch vor dem Jahr 1200 wurden allein in Angeln fünfzehn **Feldsteinkirchen** erbaut, drei davon auf Granitquadersockeln und mit Quaderkanten versehen, wie z.B. die Kirche von SATRUP. Dieser Bau erhielt später einen Backsteinturm, erscheint aber sonst getreu dem allgemeinen Bild von vorgerückter Romanik mit starkem Mauerwerk, kleinen Fenstern, Holzbalkendecke im Schiff und eingewölbtem Chor (ohne Apsis). Ihre restaurierten dezenten Farbeffekte beim Innenanstrich gefallen mir persönlich weitaus besser als die (vielleicht ‚verunglückten') roten Rippen in Sörup.
An der mehrfach veränderten Feld- und Tuffstein-Kirche von ULSNIS sind weiterhin reliefverzierte Quadersteine erhalten geblieben; beispielsweise am Südportal Kains und Abels Opfer sowie an den Ostecken des Gebäudes ein sich umarmendes Paar, eine Meerjungfrau und ‚die tanzende Salomé'.
Interessant ist ebenfalls die hoch über der Bucht von Eckernförde gelegene Feldsteinkirche des Stadtteils BORBY aus der Zeit um 1200. In ihrer Nordwand sind noch die kleinen Rundbogenfenster vorhanden, und an der Südseite umrankt Efeubewuchs ein Granitsäulenportal, das an ähnliche Ausführungen bei den Quaderkirchen Angelns und damit auch an das Schleswiger Petriportal erinnert. Der eindrucksvoll reliefierte Taufstein wird vor allem wegen seines würfelförmigen Fußes als außergewöhnlich bezeichnet. Ein Gegenstück dazu finden Sie in der Kirche von SÖRUP. Sie wurden vermutlich früh im 13. Jahrhundert in der Schule des gotländischen Meisters Sighraf und aus dort heimischem Sandstein geschaffen. Ihre erzählenden Szenen wirken wie *gemeißelte Predigten*. Der einem einheimischen Steinmetzen zugeschriebene monumentale Granittaufstein in der Quaderkirche von MUNKBRARUP zählt sogar zu den großartigsten Werken dieser Art im gesamten Ostseegebiet. Der darauf dargestellte Kampf zwischen Mensch und Löwen symbolisiert das Ringen des Christentums mit den Mächten des Bösen.

Reliefverzierter Quaderstein am Sockel der Kirche von Ulsnis/Angeln.

Der Schleswiger Dom nach dem Umbau zur gotischen Hallenkirche. Das hier erkennbare Petriportal wurde in seinem romanischen Stil belassen.

Der **Schleswiger Dom** zeigt sich heute als gotischer Backsteinbau mit einem 112 m hohen Spitzhelmturm von 1894. Er geht auf die früheste Kirchengründung nördlich der Eider, 849 in Haithabu durch Ansgar, den ersten Erzbischof von Hamburg, zurück. Eine erste Steinkirche für den dort seit 948 eingesetzten Bischof soll 1018 von Knut d. Gr. gestiftet worden sein, der sich von England aus sehr für die Verbreitung des Christentums in seinem Stammland Dänemark einsetzte. Aber weder in Haithabu noch im heutigen Schleswig sind bisher irgendwelche Anzeichen von so einem Bauwerk zu entdecken gewesen. Vielleicht wurden die Bauarbeiten erst später in Angriff genommen; denn die unter dem jetzigen Dom festgestellten Grundmauern stammen vermutlich von Mitte des 11. Jahrhunderts und gehörten zu einem Feldstein-Vorgängerbau jenes Gotteshauses, das dann zu Knut Lawards Zeiten unter Bischof Alberus begonnen worden war: eine flachgedeckte romanische Pfeilerbasilika mit hohem Mittel- und niedrigeren Seitenschiffen sowie zwei Türmen, dem Merkmal einer Bischofskirche, die jedoch kaum hundert Jahre später einstürzten. Als Werkstoff dienten nunmehr importierte Granite, Tuff- und Sandgesteine, die von erfahrenen Handwerkern zu Quadern, Säulen und Reliefbildsteinen kunstfertig bearbeitet wurden.

Das Petriportal am Schleswiger Dom. Es entstand um 1175 als dreistufiges Säulenportal mit schlichten Bogenläufen und einem bemerkenswerten Bogenfeld.

Die „Löwengrube" am Schleswiger Dom.

Zeichnung des Bogenfeldreliefs vom Petriportal am Schleswiger Dom: Christus als Weltenrichter, umgeben von den Evangelistensymbolen, überreicht Petrus den Schlüssel und Paulus (?) eine Schriftrolle (? mit seinem Missionsauftrag?). Ganz links steht ein König als KIrchenstifter (? Knut d. Gr.?).

Das um 1180 hinzugefügte Querschiff ist bereits aus den damals neuen ‚Kunststeinen' errichtet worden, aber beim *Petriportal* an seiner Südseite blieb die anfängliche Art mit Quadern und Säulen aus Granit und Tuff. Im rötlichen Sandstein-Bogenfeld sind Christus, Petrus und Paulus sowie die vier Evangelistensymbole zu sehen; ganz links kann man einen König mit einem doppeltürmigen Kirchenmodell im Arm erkennen – wahrscheinlich Knut d. Gr. als Stifter des Doms. Erst im 14. und 15. Jahrhundert fand dann der fast völlig in Backstein ausgeführte große Umbau zu einer gotisch überwölbten Hallenkirche mit gleich hohen Schiffen statt. Nur hier und da wurden einige der Quader- und Bildsteine wiederverwendet, wie z.B. am Fundament in einer Nordostecke, die heute wegen der dargestellten Tiere ‚Löwengrube' genannt wird. Das für uns bedeutendste Kunstwerk im Schleswiger Dom ist der *Bordesholmer Altar* von Hans Brüggemann: über 12 m hoch mit 22 geschnitzten Szenen, die insgesamt 398 Figuren enthalten. Der Meister und seine Gesellen arbeiteten sieben Jahre lang daran (1514–21). Er war für das Augustiner-Chorherrenstift im holsteinischen Bordesholm bestimmt gewesen, das auf die Gründung so einer Mönchsgemeinschaft durch den Wendenapostel Vicelin beim heutigen Neumünster zurückgeht, und gelangte im 17. Jahrhundert nach Schleswig.

In Holstein zog mit Sachsenherzog Heinrich dem Löwen ab 1142 endlich nach buchstäblich dreieinhalb Jahrhunderten der Unruhe durch die Wenden Frieden ein und damit kam das Problem, das immer wieder verwüstete Land neu zu bestellen und die durch Kampfhandlungen oder Auswanderung dezimierte Bevölkerung wieder zu mehren. In dem inzwischen seinem Vater gefolgten Schauenburger Graf Adolf II. sollte er tatkräftige Unterstützung finden, und dieser wiederum hatte vermutlich sehr brauchbare Anregungen durch den Missionar Vicelin erhalten.

Vicelin, Apostel der Wenden

Eigentlich hieß er Wessel und war um 1090 in Hameln geboren. Aus einfachen Verhältnissen und früh verwaist, fehlte ihm zunächst das nötige Interesse an der ihm vorgeschlagenen Ausbildung zum Geistlichen. Doch dann erfaßte ihn der Lerneifer – 1118 wurde er sogar Leiter der Bremer Domschule. Anfang der zwanziger Jahre weilte er eine Zeitlang in Frankreich, um in die damals aufblühende Scholastik einzudringen. Dort lernte er den neuen Prämonstratenser-Orden kennen und war beeindruckt von dessen Pflege der Bußpredigt und der seelsorgerischen Tätigkeit in Verbindung mit monastischem Leben. All dies führte zu jener tief-religiösen Lebensauffassung, die ihm dann gerade als Missionar Grundlage bot und Erfolg brachte.
1126 hatte der frisch zum Priester geweihte Vicelin zufällig von dem christlichen Wendenkönig Heinrich gehört und bewarb sich um das Sendamt zur Predigt in dessen Land. Heinrichs plötzlicher Tod veränderte zwar die Vorzeichen, aber als ein Jahr später die Bitte um Entsendung eines Pfarrers aus dem Holstengrenzgau Faldera eintraf, zögerte der Erzbischof nicht lange und betraute Vicelin auch mit der vorsichtigen Mission von dort aus hinüber ins Wendenland. Wippendorf sollte sein Wirkungsort werden – das spätere *Neumünster*. Die Bevölkerung hatte vom Christentum nicht viel mehr als die Bezeichnung gehört, und er begann, ihnen mit großer Hingabe und Freude, doch auch mit Verständnis für ihre Sorgen und Nöte die christliche Lehre und christliche Lebensart näherzubringen.
Der erste Erfolg ließ nicht lange auf sich warten. Viele einfache Leute kamen aus der näheren und weiteren Umgebung, von dies- und jenseits der vagen Grenze und sogar Geistliche von noch weiter entfernt. Fesselte das Volk seine schlichte, doch eindringliche Art, von dieser neuen Religion zu sprechen, faszinierte die Geistlichen seine Gelehrsamkeit, seine tief empfundene Frömmigkeit und die Askese, in der er lebte; manche nahmen sich vor, ihm nachzueifern, andere baten, dieses Leben mit ihm teilen zu dürfen! So geschah es, daß Vicelin eine Gemeinschaft begründete, die nach den Regeln der Augustiner-Chorherren leben sollte: ehelos, in Gebet und Fasten für das eigene und anderer Seelenheil zu sorgen und fromme Werke zu tätigen, wie Kranke

besuchen und Darbende ernähren, aber vor allem sich um die Bekehrung der Wenden zu bemühen. – Diese Institution wurde bald ‚neues Kloster' genannt – *Novum Monasterium*, und daraus wurde ‚Neumünster'.
Nur ein paar Jahre christlich fruchtvoller Arbeit vergingen, und Vicelin fühlte sich gezwungen, 1134 sorgenvoll nach Bardowiek zu dem inzwischen zum deutschen Kaiser gekrönten Sachsenherzog Lothar von Supplinburg zu ziehen. Im Gepäck hatte er das Anliegen, daß nunmehr das Reich die schon von Knut Laward erkannte strategisch günstige Lage eines gewissen Kalkbergs nutzen und dort eine starke Reichsfeste gegen die abermals im Wendenland aufflammenden Feindseligkeiten erbauen solle. Lothar stimmte zu und stiftete ebenfalls eine Kirche unterhalb dieser ‚Sigeburg'; alsbald gründete Vicelin hier ein weiteres Chorherrenstift, und auch eine Siedlung entstand – das spätere *Segeberg* ... Alles ging im Wendensturm und dem Holstengegenzug von 1138/39 unter. Doch unermüdlich folgte ein Wiederaufbau.
Die Einverleibung des angrenzenden Wendenlands in das dann Heinrich dem Löwen zugesprochene Sachsenherzogtum brachte allerdings Vicelins selbstgewählte Lebensaufgabe der Heidenbekehrung ins Wanken. Sie schien ein negatives Ende erreicht zu haben, denn zur positiven Missionierung dürfte in den Wirren der Kämpfe kaum noch eine nennenswerte Anzahl Ungläubiger übriggeblieben sein, und die unvermeidliche Neubesiedlung des auf beiden Seiten verwüsteten Landes würde eine christliche Bevölkerung bringen, die dann lediglich geistlich zu versorgen war.
Dieses ‚lediglich' kann das Stichwort für ihn gewesen sein, dennoch zu bleiben: Neusiedler brauchten nicht nur christliche Seelsorge, ihnen mußte auch noch anders, mit Rat und Tat, bei ihrem Anfang in fremder Umgebung geholfen werden. Das konnte er bereits in der Wilstermarsch an der Elbe beobachten. Schon von Neumünster aus hatte er Holländer dorthin geholt, die mit ihrer Erfahrung im Gräbenziehen und Deichbau wertvolles Ackerland zu gewinnen verstanden. Das gleiche war während seiner Bremer Zeit durch den Erzbischof in der Wesermarsch eingeleitet worden. Jetzt in Holstein muß es Graf Adolf II. bemerkt haben, und er stellte wahrscheinlich in Anlehnung daran ein Besiedlungsprogramm für die Grafschaft auf, das später zum Vorbild für die gesamte Ostkolonisation des Deutschen Reiches werden sollte.
Boten wurden nach Niedersachsen, Westfalen, Friesland und nach Holland geschickt, und bis die ersten Siedlertrecks von dort eintrafen, war bereits die zerstörte Sigeburg wieder zu ihrer aller Schutz neu erstellt worden. Das Land in ihrem direkten Einzugsbereich zwischen Oldesloe und Neumünster wurde den neusiedelnden Holsten gegeben; den Holländern wies man das Gebiet um Eutin an, den Friesen das Land im Winkel der Lübecker Bucht um Süsel, den Westfalen eine Region östlich von Segeberg um Ahrensbök sowie südlich von Mölln, und den Niedersachsen das ihnen gegenüberliegende Elbufer bei Lauenburg mitsamt dem Hinterland. Legten die Sachsen und Holsten wie

bisher ‚Straßendörfer' an, wo sich die Häuser rechts und links des Durchgangsweges offen aneinanderreihten, so folgten die allgemein *Kolonisten* genannten anderen ebenfalls ihrer gewohnten Siedlungsart, nämlich mit Rund- und Haufendörfern, die den Menschen vor allem hier in der Fremde mehr Zusammenhalt boten. Mit der verbliebenen wendischen Bevölkerung wurde sich sozusagen geeinigt; d.h. als Eroberte hatten sie nicht viel zu sagen, wurden in den Kätner- oder Instmannstand ‚hinabgedrückt' und mußten sich neue Siedlungsplätze schaffen – sei es nahe ihres ehemaligen Dorfes oder in der ihnen belassenen Enklave auf der Insel Fehmarn und dem angrenzenden Festland um Lütjenburg und Oldenburg. Letzteres war ein früherer Fürstensitz der Wenden und Mitte des 10. Jahrhunderts zum Missionsbischofssitz für das gesamte Slawengebiet bis zur Peene hin erklärt worden; Bischöfe hatten sich dort aber nur wenige Jahre halten können.
1149 erneuerte der Erzbischof von Hamburg-Bremen diesen Sitz und weihte Vicelin zum **Bischof von Oldenburg**. Das erzürnte allerdings Heinrich den Löwen, der für sich das Recht der Ernennung von Bischöfen beanspruchte. Erst ein Jahr später willigte er ein und vermachte Vicelin die Gegend um das Dorf Bosau als Einnahmequelle und ‚Ausweichquartier'. Denn in der kurzen Zwischenzeit, die Vicelin an seinem Bischofssitz geweilt hatte, war ihm dort wenig Sympathie entgegengekommen. Der Christen gab es nur verschwindend wenige unter den Wenden dort; die meisten hielten mit ihren hier um den früheren Fürsten Pribislaw gescharten Adligen fest am heidnischen Glauben und brachten ihrem Obergott Prove im nahen heiligen Hain weiterhin Opfer dar. Nur mit Bestechungsgeldern konnte Vicelin eine kleine Holzkapelle am Wall der OLDENBURG errichten lassen; an einen Verbleib oder die Entsendung eines Pfarrers war vorerst nicht zu denken. – Diese bis zu 18 m hohe und größte *Ringwallanlage* Ostholsteins ist noch heute am Stadtrand von Oldenburg zu besuchen; sie hat anscheinend einen altgermanischen Kern. Auch der wendische Name *Starigard* bedeutet ‚alte Burg'.
Traurigen Herzens ging der sich wiederum als verhinderter Wendenmissionar fühlende Vicelin nach BOSAU und schlug sein Zelt unter einer großen Buche auf einer kleinen Insel nahe des Seeufers auf ... Wie zum Trotz oder unbeirrt in seinem Glauben begann er jedoch sehr bald, nun hier eine kleine Steinkirche zu erbauen. Treu zur Seite stand ihm dabei der Priester Volkward aus Flandern, der schon den Wiederaufbau des Segeberger Stifts geleitet hatte. Eine Basilika sollte es werden, St. Peter geweiht als Zeichen einer kombinierten Missions-, Tauf- und Bischofskirche. Feldsteine dienten als Baumaterial, die in Gipsmörtelflächen eingelegt wurden. Dieses weiche Gestein war vom Segeberger Kalkberg besorgt und dann auch für den weißen Verputz des Mauerwerks innen wie außen verwendet worden. Seine Beschaffenheit bringt ein leichtes Glitzern hervor, so daß das kleine Bauwerk wie aus Marmor wirkte und bei Sonnenlicht bis hinüber nach Plön strahlte.

Bosau am Plöner See. Weiße Kalkfarbe täuscht heute das frühere Aussehen der einst mit Gipsmörtel verputzten Feldsteinkirche vor.

Und mit diesem neuen Anfang in Bosau strahlte abermals Vicelins Persönlichkeit und Gottes Wort, das er von hier aus predigte. Sein Mut ging auch auf die Neusiedler über, und wieder kamen bald ebenfalls vereinzelte Wenden. So konnte er bereits 1152 mit gewisser Genugtuung beim Reichstag zu Merseburg auftreten und seelisch gestärkt eine Reise durch seinen mit zwei Klöstern und fünf Kirchen langsam erblühenden Sprengel unternehmen. Leider erlitt er dabei am Ort seines Anfangs, in Neumünster, einen Schlaganfall und starb auch dort nach zweijährigem Krankenlager am 12. Dezember 1154. Dieser Tag sollte zum Feiertag des später heiliggesprochenen Apostels der Wenden werden, wenn ihm selber auch nicht vergönnt war, die reife Frucht seiner unermüdlichen Arbeit zu sehen.
Ebenfalls die Fertigstellung der Bosauer Kirche erlebte er nicht mehr, aber eine spätgotische Holzstatue steht heute im Chor des schon um 1200 zu einer Pfarrkirche umgestalteten Gotteshauses und zeigt den Bischof mit seiner Kirche auf dem Arm. Ihr runder Westturm fiel den Wirren des 30jährigen Krieges zum Opfer und wurde 1662 durch einen viereckigen ersetzt. Hierbei erfuhr auch der einst hohe Spitzhelm eine barocke Verkürzung.

In Ratekau steht das beste Beispiel einer Vicelinkirche. Schutz und Zuversicht sollte sie damals den Neusiedlern in Ostholstein bieten.

Der ursprüngliche Plan von Bosau, der eine schlichte Feldsteinkirche mit rundem Turm, langrechteckigem Schiff, eingezogenem Chor und halbkreisförmiger Apsis vorsah, sollte nun als Vorlage beim Bau der ersten ‚Kolonistenkirchen' in Ostholstein dienen. Sie entstanden zwar unter Vicelins Nachfolgern, werden aber dennoch ehrenhalber **Vicelinkirchen** genannt. Die flache Holzbalkendecke unterstreicht noch den bodenständigen Charakter, und der emporragende Turm mag gleichermaßen den Willen zur Verbreitung wie die Bereitschaft zur Verteidigung des christlichen Glaubens manifestieren. Auch er war als Wehrturm mit dem Obergeschoß als Fluchtetage für die Bevölkerung konzipiert.

Man versäume nie, diese Kirchen jeweils von vorne und von hinten zu betrachten: von vorne (Westen) überwiegt der trutzig-wehrhafte Eindruck, von hinten (Osten) bietet sich ein harmonisch-steigendes Übereinander von Apsis, Chor, Schiff und Turm – ein stufenförmiges Aufblicken zu Gott im Himmel. – Am ursprünglichsten erhalten sind die Bauten von NEUKIRCHEN bei Malente und RATEKAU bei Bad Schwartau sowie in PRONSTORF östlich von

Segeberg und in SÜSEL westlich von Neustadt, wenn auch bei letzterer der Turm völlig verändert und mit Backstein ummantelt wurde. RATEKAU zeigt außerdem sehr deutlich den Einzug des Backsteins als neuem Baumaterial: hier treten erstmals Ziegeleinfassungen an Portalen, Fenstern und Luken von Steinkirchen auf.
Und dann sollten Sie auch hier und anderswo in die Kirchen hineingehen: die allgemeine Verquickung des Alten mit dem Modernen unserer Zeit ist zumeist ausgesprochen schön – z.B. die blaßbunten Glasfenster der Apsis der Vicelinkirche von NEUKIRCHEN bei Malente. Dort finden Sie ferner eine Renaissancekanzel mit plattdeutscher Inschrift sowie einen der im 18. Jahrhundert in Norddeutschland üblich gewordenen Taufengel: eine vergoldete Holzfigur mit einer Taufschale in den ausgestreckten Händen. Hier schwebt er in dem zur Taufkapelle umgestalteten Turmerdgeschoß an einem Seil über dem Granittaufstein (12. Jh.) und wird zum Taufakt heruntergelassen. Meist unerwartet in ländlicher Gegend sind die doch mancherorts bewahrten alten Holzschnitzwerke wie beispielsweise in der Kirche von BOSAU: einer der hierzulande frühesten Flügelaltäre (14. Jh.) und das tatsächlich einmalige Triumphkreuz mit vier Engeln, die den Gekreuzigten umschweben und sein Blut in goldenen Kelchen auffangen (15. Jh.).
Die frühen dann gänzlich aus Backstein errichteten **Dorfkirchen** folgten zunächst der gleichen schlichten Art vorgerückter Romanik, haben aber einen viereckigen Turm in teils gleicher Breite wie das Schiff – z.B. RENSEFELD nahe Bad Schwartau. Vicelin hatte dort vermutlich schon 1139 eine Taufkapelle erstellen lassen. Ein folgender Kirchenbau aus Feldsteinen fiel 1234 Kampfhandlungen zum Opfer und wurde dann auf gleichem Grundriß in Backstein erneuert – mit Zugeständnissen an die aufkommende Gotik und unter Wiederverwendung alter Feldsteine beim späteren Turmbau.
Die beiden vielleicht hübschesten spätromanischen Backsteindorfkirchen in Schleswig-Holstein weisen im besonderen an ihren Außenwänden sehr sorgfältig ausgeführte Ziegelornamentik auf. Die eine steht in RIESEBY in der Landschaft Schwansen (der hölzerne Glockenturm mit Spitzhelm kam erst 1703 hinzu). Die andere ist die noch mit Reet gedeckte KLANXBÜLL-Kirche im nördlichsten Nordfriesland. Ferner sollte das Gotteshaus in dem von friesischen Kolonisten erschlossenen Kirchspiel ALTENKREMPE bei Neustadt/Ostholstein genannt sein: eine gewölbte Ziegelbasilika mit einbezogenem hohen Turm, beeindruckendem Westportal und durch Weiß zum Backsteinrot erzielten Konstrasten (außen wie innen). Der Baubeginn im Jahre 1191 hing mit den erteilten Reichsfreiheiten an Lübeck zusammen; der dritte Schauenburger Adolf wollte hier somit eine neue landeseigene Hafenstadt gründen. Dennoch erwies sich der Platz in der Tiefe der Bucht als ungünstig, und Adolf IV. ließ dann eine *Nige Stad* näher zur offenen Ostsee anlegen – das heutige Neustadt.

Der Siegeszug des Backsteins

Zunächst war es die Geistlichkeit, die wegen der Gesteinsarmut in unserem Norden und durch ihre beschränkten finanziellen Mittel den ‚Kunststein' bei uns einführte. Gebrannte Lehmziegel, Backsteine, waren örtlich und preiswert herzustellen, und daß sie sich als unverkleidetes Baumaterial bewährten, zeigten die zahlreichen Backsteinbauten in der ebenfalls gesteinsarmen Poebene, der Lombardei, wo diese augenfällige Bauweise (ohne die sonst vorgesetzten Marmorplatten) seit dem 5. oder 6. Jahrhundert betrieben wurde. Da die Gegend am Rand der Pilgerpfade, Handelswege und Heerstraßen zwischen Mitteleuropa und Italien lag, war der Backstein als Baumaterial um die Mitte des 12. Jahrhunderts ebenfalls den weltlichen Landesherren in nördlicheren Regionen ein Begriff. Er muß insbesondere Heinrich dem Löwen sowie Waldemar d. Gr. als Lösung für die Verwirklichung ihrer Bauvorhaben zwischen Elbe und Skagerrak erschienen sein; sie sollten zu den Bahnbrechern und Wegbereitern des häufig mit dem Norden identifizierten Backsteinstils werden.

Die erste bedeutende Kirchenstiftung von Heinrich dem Löwen in Nordelbingen und zudem in Backstein war der **Dom zu Ratzeburg** für das von ihm dort gegründete Bistum. Es sollte eine kreuzförmige Pfeilerbasilika werden, erbaut von 1160–1220 und später kaum verändert, so daß sich hier noch heute eine seltene Stilreinheit zeigt: erdgebunden in der romanischen Form, aber geradezu anmutig in seinem rötlichen Mauerton und dem wenigen, doch markant mit weiß durchsetzten Fassadenschmuck, was ebenfalls typisch für den Norden wurde. Der Bau zählt zweifellos mit zu den Hauptwerken mittelalterlicher Backstein-Architektur in Nordeuropa. Übrigens belief sich die ‚großzügige' finanzielle Beteiligung Heinrichs an diesem Dom (und später auch in Lübeck) auf einhundert Mark im Jahr! Dabei ist allerdings zu berücksichtigen, daß damals vier Schafe eine Mark kosteten und ein Ochse zwei Mark fünfzig.

Die erste Backsteinkirche, eine dreischiffige flachgedeckte Pfeilerbasilika, entstand in nur sieben Jahren ab 1156 im wendischen OLDENBURG (der Turm datiert von 1779). Der neue **Bischof Gerold** war gleich nach seiner Bestätigung dorthin gezogen, fand die alte Burganlage zwar völlig verlassen vor, aber Vicelins Holzkirchlein stand noch tief eingeschneit da. „Trotz bitterer Kälte und nur ganz weniger Anwesenden haben wir hier einen Gottesdienst abgehalten", so schrieb der ihn begleitende Diakon aus Neumünster und spätere Pfarrherr von Bosau Helmold in seiner berühmten ‚Slawenchronik'. Pribislaw, der heidnische Neffe vom Wendenkönig Heinrich, war auch dabei und zeigte sich weder dem Christenglauben noch den Deutschen gegenüber feindlich; er ging sogar mit ihnen zusammen zum heiligen Hain seines Obergottes Prove und zerstörte ihn. Sein Mißmut richtete sich vor

Der Ratzeburger Dom. Sachsenherzog Heinrich der Löwe stiftete ihn, symbolisiert durch die stolze Bronzeskulptur im Kirchhof.

allem gegen die Politik: die Wenden seien auch ‚Neusiedler', wären aber durch den ihnen nach wie vor auferlegten ‚Slawenzins' am Rand des Existenzminimums. Da ihnen fernerhin jederzeit die Ausweisung drohen könne, obwohl sie bemüht wären, sich deutschen Gepflogenheiten anzupassen, sähen sie auch keinerlei Sinn im etwaigen Kirchenbau ...

Darin hatte Pribislaw durchaus recht, und Bischof Gerold war dann der erste, der sich beim Grafen und Herzog für sie einsetzte. Es sollte aber noch rund 200 Jahre dauern, bis der rechtliche Unterschied ganz aufgehoben war, sich jedoch ebenfalls das slawische Volkstum und die Sprache völlig verwischt hatten (d.h. alle waren Deutsche). Vorerst initiierte Gerold den Backsteinbau als *Bischofskirche in Oldenburg* – nicht zuletzt, um den Wenden seinen guten Willen zu bekunden. Schon 1157 konnte sie in Graf Adolfs Anwesenheit Johannes dem Täufer geweiht werden. Als Seelsorger setzte er einen gewissen Priester Bruno ein, der sich irgendwie Predigten in slawischer Sprache auszuarbeiten verstand und diese dann jeweils verlas! Er soll hiermit einzig im ganzen Wendenland dagestanden haben. Die Sprachbarriere war immer schon ein hindernder Faktor für die Verbreitung des Christentums gewesen.

So erfaßte die Wenden bald auch allgemein der Geist, den die Kolonisation mit sich brachte: sie sahen den Deutschen die ergiebigere Dreifelderwirtschaft ab, übernahmen den besseren Wendepflug und wandten sich dem Bau des allumfassenden Niedersachsenfachwerkhauses zu. Überall entstanden neue Dörfer sowie von der Obrigkeit gegründete Marktflecken als Anfang von Kleinstädten und aufkommendem Bürgerleben. Ebenfalls hierbei trat der Bischof richtungweisend auf: in dem ihm von Heinrich dem Löwen vermachten Land bei Eutin ließ er neben seinem bischöflichen Wirtschaftshof einen großen viereckigen Marktplatz mit Zufahrtsstraßen anlegen, wie er dann auch im deutschen Osten den Auftakt von Städtegründungen bilden sollte. Zur gleichen Zeit beorderte Graf Adolf sächsische Siedler nach Oldenburg, baute die zerstörte Burg Plön wieder auf und gründete unterhalb davon einen Markt- und Kirchenort.

Der zweite reine Backsteinbau des Nordens geht ebenfalls auf Bischof Gerold zurück: die 1158 begonnene *St. Marien-Kirche* in SEGEBERG, ein Neubau für Vicelins Chorherrenstift (im vorigen Jahrhundert außen mit neuen Backsteinen verblendet): eine dreischiffige Gewölbebasilika auf kreuzförmigem Grundriß, deren innere Gestaltung mit roten Ziegelpfeilern, Säulen und Rundbögen sowie weißen Wänden, Gewölben und Stuckwerk die Schönheit der geschlossen wirkenden Romanik unterstreicht und diese Kirche zu einem der besonderen Schätze des Landes macht.

Strohdach, Holzfachwerk und Backstein kennzeichnen das niedersächsische Bauernhaus.

Der gradlinige Chorabschluß mit Fenstern kündet die Gotik an. Berkenthin/Lauenburg.

Als Begründer des Christentums im ehemaligen Polabien gilt Heinrich von Badewide, der 1142 als erster Graf herkam und sich zunächst die nach dem Slawenfürsten Race benannte Burg ausbaute – die Anfänge der Stadt Ratzeburg. Schon bald nach seinem Tod 1164 wurde ihm zur Ehre und Erinnerung der sogenannte *Heinrichstein* gesetzt, der heute Ecke Domhof/Kleine Kreuzstraße zu sehen ist. Auf ihn gehen die damals neuen Dorf- und Kirchengründungen im Lauenburgischen zurück. Hier und da sind noch romanische Gotteshäuser erhalten, z.B. die Feldsteinkirche von STERLEY (mit Ziegeleinfassungen und angebautem Holzglockenturm) und der Mischbau aus Feld- und Backstein in MUSTIN. Noch zu seinen Lebzeiten wurde auch das Kloster ST. GEORGSBERG bei Ratzeburg wieder aufgebaut: die Kirche entstand als reiner Backsteinbau auf einem Granitsockel. Der nur halb hochgezogene Turm wurde mit ins Kirchenschiff eingegliedert, die Apsis ist später entfernt worden. Schon während des Übergangs zur Gotik zog man den gradlinigen Chorabschluß vor und versah ihn meistens mit schlanken, hohen Fenstern – z.B. in BERKENTHIN und KRUMMESSE.

Die Løgumklosterkirche in Nordschleswig. Ihre Baumeister entwickelten vermutlich den schmückenden Treppengiebel.

Eins der schönsten Beispiele der frühen nordischen Backsteinbaukunst ist die wunderbare Kirche vom *Løgumkloster* des Zisterzienserordens, die der Bischof von Ribe 1173 nördlich von Tondern/Nordschleswig stiftete. Diese kreuzförmige Basilika gilt außerdem als einer der bedeutendsten Sakralbauten Nordeuropas! Die Bauzeit hatte nämlich über hundert Jahre betragen, so daß sich mit dem bei uns um 1230 aufkommenden neuen ‚gotischen' Stilempfinden auseinandergesetzt werden mußte. Das dann Erreichte dürfte eine überaus harmonische Verbindung von Romanik und Frühgotik sein.

Allgemein begeistert war man in unserem Norden von der himmelwärts strebenden vertikal-betonten Gotik, die die erdgebundene horizontal-gegliederte Romanik ablöste. Dennoch bescherte der vorher so freudig begrüßte Backstein nun ein Problem bzw. eine Herausforderung: gotisches Maßwerk und Fassadenzierat mußte z.B. aus einem Stück, konnte nicht aus ‚gebackenen' Steinen zusammengesetzt sein ... Die Antwort war der aufragende Staffel- oder Treppengiebel. Er wurde mit zum Merkmal unserer nordisch-herben **Backsteingotik**, die sich über den gesamten Ostseeraum ausbreiten sollte. Die Løgumklosterkirche hatte ihn wohl zuerst. Ferner erhielten manche der romanischen Pfarrkirchen, die während des sogenannten Kirchenbaujahrhunderts (1150–1250) insbesondere in Dänemark entstanden, auf diese Weise verzierte An- und Ausbauten. Des weiteren trat dann Backstein als Baumaterial mitsamt dem Treppengiebel in den damals aufstrebenden Städten als Schmuck an Rat- und Gildehäusern, an Kaufmannskontoren und Speichern auf. Das Hinterland im Westwinkel der Ostsee zeigt sich damit als Kernzelle der Backsteingotik. Von hier strahlte sie aus und wurde im besonderen in den ehemals slawischen Gebieten von Lübeck bis Reval (Tallinn) zum Zeichen deutscher Kultur und hanseatischen Geistes.

Nordertor in Flensburg. Backstein und Treppengiebel zogen ebenfalls in die städtische Architektur ein.

„Wie steigst, oh Lübeck, du herauf"

Lübeck sollte zur ersten deutschen Stadt an der Ostsee werden und später als Königin der Hanse der bedeutendste Markt- und Umschlagplatz des blühenden Mittelalters in Nordeuropa. Es war der von Heinrich dem Löwen wieder in Holstein eingesetzte Schauenburger **Graf Adolf II.**, der während einer Inspektionsreise 1143 auf die ehemalige Burganlage des berüchtigten Wendenfürsten Kruto stieß. Sie lag an der schmalen Landverbindung einer durch Wakenitz und Trave gebildeten Halbinsel, in deren Mitte sich der niedrige Bucu-Hügel hinzog ... Konnte es idealeres Terrain für eine Siedlung, eine geschütztere Lage für einen Handelsplatz mitsamt Zugang zur Ostsee geben?! Es war nur 6 km flußauf von Wendenkönig Heinrichs berühmtem *Liubice*. Graf Adolf hatte den Gedanken noch nicht zu Ende gedacht und schon war die Neugründung ‚der alten Schönen' für ihn beschlossene Sache – er gab ihr auch den alten, Erfolg versprechenden Namen, nun eingedeutscht: Lubeke. Dies wiederum veranlaßte ebenfalls von dort fortgezogene Handwerker und Kaufleute zur Rückkehr, und man ging gemeinsam mit den Deutschen an den Aufbau einer neuen Marktsiedlung.
Graf Adolf hatte aber die Rechnung ohne den Wirt gemacht: sehr schnell merkte nämlich **Heinrich der Löwe**, daß dort jemand anders zu Ruhm und Einkommen gelangen würde als er, der Lehnsherr! Zunächst war er allerdings noch mit anderen Dingen beschäftigt, wie beispielsweise den Vorbereitungen zum Kreuzzug gegen die Ostseeslawen. Sie kamen ihm zuvor durch den Überfall auf die Versorgungsschiffe im Lübecker Hafen. Daß dabei auch die junge Stadt verwüstet wurde, kam ihm sehr gelegen. Doch Graf Adolf fing entschlossen mit seinem Lubeke noch einmal von vorne an. Da nunmehr auch Kaufleute aus dem sächsischen Bardowiek an die Trave abwanderten und außerdem die gräfliche Saline bei Oldesloe den Lüneburger Salzwerken Konkurrenz machte, streckte Heinrich bald seine starke Hand aus und forderte die Hälfte der Einkünfte von Lübeck und Oldesloe. Graf Adolf lehnte ab. Daraufhin ließ Heinrich erst einmal die Saline zuschütten und entzog dann Lübeck einfach das Marktrecht.
Nach wiederholten Bitten der Kaufleute, ihnen diesen günstigen Platz zu erhalten, war Heinrich schließlich bereit, den Markt neu zu eröffnen – doch nur in eigener Regie – und forderte somit vom Grafen die Abtretung der Halbinsel. Wiederum ein entschiedenes Nein. Als dann Lubeke 1157 von einer Feuersbrunst vernichtend heimgesucht worden war, gründete Heinrich an der nahen Wakenitz einen neuen Markt, den er ‚Löwenstadt' nannte. Dieser Travenebenfluß war jedoch zu seicht und konnte von seetüchtigen Schiffen nicht befahren werden. Da entschloß sich Graf Adolf, seinen Kaufleuten wieder ihren alten Ort zu geben und trat die derzeit traurige Ruinenstätte auf dem Bucu-Hügel an Herzog Heinrich ab.

Wie ein **Phönix aus der Asche** entstand hier nun ab 1159 des Löwen stolze Stadt Lübeck – mit beachtlichen ‚Freiheiten', verbrieften Zöllen und einer Münze. Erfahrene Fernhandelsherren aus seinem Herzogtum sowie aus Westfalen leisteten wertvolle Hilfe bei der Organisation und einer planvollen Anlage, die noch heute besteht: der Markt entstand in der Mitte auf der Kuppe des Hügels; die kurzen Straßen zur Trave hinunter waren den Kaufleuten vorbehalten, die längeren zur Wakenitz hin den Handwerkern. Über die Längsachse verliefen zwei Straßen; an ihrem Nordende sollte Krutos Burg modern erneuert werden, und an ihrem Südende erhielt Bischof Gerold ein Gelände zum Bau einer neuen Bischofskirche.

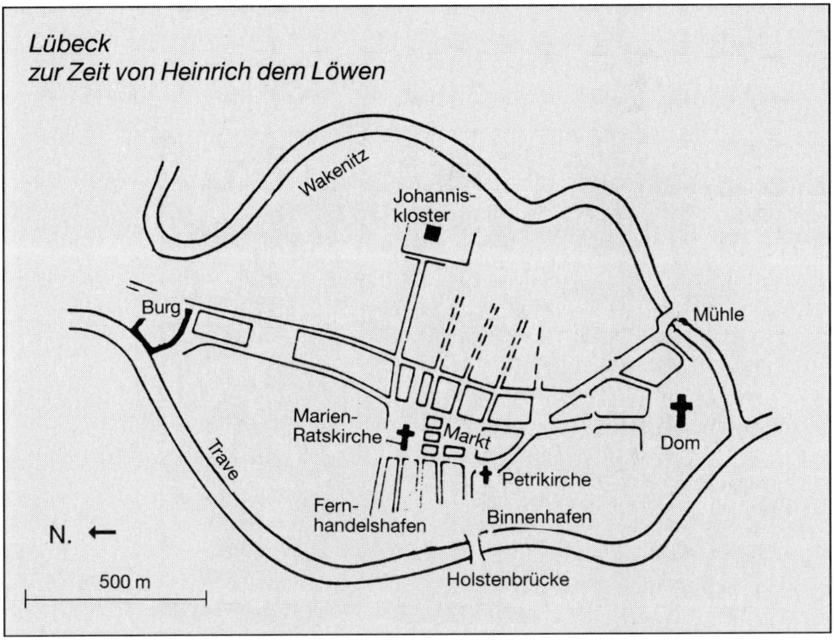

Lübeck zur Zeit von Heinrich dem Löwen

In Anbetracht der Entwicklung Lübecks hatte er um die Verlegung seines Bischofssitzes von Oldenburg nach hier gebeten. Bereits 1163 konnte ein ansehnlicher Holzbau im Beisein des Erzbischofs von Hamburg-Bremen und Heinrichs des Löwen geweiht und dem Schutz der Jungfrau Maria und Johannes dem Täufer anvertraut werden. Nur wenige Wochen danach erkrankte Gerold während einer Reise durch seinen Sprengel in Lütjenburg. Er wurde nach Bosau zu Pfarrer Helmold gebracht, wo er kurz darauf verschied. Die letzte Ruhestatt fand er in seiner Bischofskirche zu Lübeck.

Zehn Jahre später, als endlich auch im östlichen Wendenland im Verein mit Dänemark Frieden erkämpft worden war, legte Heinrich der Löwe persönlich an der gleichen Stelle den Grundstein zu einem großen **Backstein-Dom** – bis 1230 im Rohbau als gewölbte romanische Pfeilerbasilika vollendet, vom 13. bis 15. Jahrhundert umgebaut zu einer gotischen Hallenkirche, geschmückt durch Lettner und Triumphkreuz des Holzschnittmeisters Bernt Notke und überragt von zwei wuchtigen Türmen. Die hohen Spitzhelme der ebenfalls doppeltürmigen Ratskirche sowie dreier Pfarrkirchen – Lübecks berühmten sieben goldenen Türme – künden noch heute vom Anfang der damals neuen Zeit, umweht von einem Hauch von früher.

Ein alter Stich zeigt den Bischof beim Baubeginn des Lübecker Doms im ausgehenden 12. Jahrhundert.

Der Dom zu Lübeck heute

Ortsverzeichnis

Inhalt

In gleicher Ausstattung liegen vor:

Kurt-Dietmar Schmidtke,
Berge in Schleswig-Holstein
184 S., zahlr., teils farbige Abb., br.

Anschaulich und originell beschreibt der Verfasser die Entstehung 20 schleswig-holsteinischer Berge, ihre kulturgeschichtliche Bedeutung und landschaftlichen Schönheiten, kenntnisreich plaudert er über abenteuerliche Paßstraßen und Berge, die man anketten muß. Von Ost nach West geht die Reise, vom Wulfener Berg auf Fehmarn bis nach Sylt. Unterwegs finden sich Hinweise auf besondere Sehenswürdigkeiten, Museen, Waldlehrpfade und historische Ereignisse.

Walter Rühl,
Bodenschätze in Schleswig-Holstein
Von Salzkavernen, Heilquellen und Erdölfeldern
175 S., zahlr. Abb., br.

Zu den im nördlichsten Bundesland am häufigsten vorkommenden Bodenschätzen zählen Erdöl und Salz. In diesem mit zahlreichen Abbildungen, Karten und Skizzen ausgestatteten faktenreichen Band werden unter anderem die geologische Entwicklung und die Geschichte der schleswig-holsteinischen Erdölförderung, die 1856 bei Heide begann, beleuchtet sowie von den heutigen Aufgaben und Schwierigkeiten der Ölförderung berichtet, etwa auf der Bohrinsel „Mittelplate" in der Nordsee. Weitere Kapitel sind beispielsweise dem weltweit einzigartigen Ölkreide-Bergbau auf der Hölle und dem holsteinischen Pionier Ludwig Meyn aus Uetersen gewidmet.

HUSUM

HUSUM DRUCK-
UND VERLAGSGESELLSCHAFT
Postfach 1480 · D-25804 Husum